身近な人が亡くなった

相続の仕方がわからない…

もしもの時の手続きガイド

[監修] 山口朝重行政書士事務所　山口 朝重

はじめに

　近年、「終活」が注目されています。終活とは、人生の終末を迎えるにあたり、介護・治療・葬儀・相続などについて自身の意思や希望をエンディングノートなどにまとめ、準備を整える活動のことです。漠然とした思いはあるものの、実際に終活を行う、もしくは家族や親御さんなどの「その日」に備えている方は、多くはないのではないでしょうか。

　本書では、身近な人が亡くなったときに「何をどうすればいいか？」について、期日が早く到来する手続きから順に、わかりやすく整理しました。手続きは同時進行で進めなければならないことが多いので、本書を、漏れのないスムーズな手続きを行うための一助としていただけたら幸いです。

山口　朝重

もくじ

1章 すぐに行うこと

1-1 死亡診断書（死体検案書）を受け取る……… 12

1-2 死亡届の提出………………………………… 14

   🖊 死亡届・死亡診断書（死体検案書）……… 16

1-3 火葬・埋葬許可の申請…………………………… 18

   🖊 埋火葬許可申請書………………………………… 20

   `こんなときは` 海外で亡くなった場合 ………… 21

1-4 葬儀などの手配………………………………… 22

   臨終からの一般的な流れ……………………… 22

   ● 臨終　22　　● 遺体搬送の手続き　22

   ● 近親者への連絡　23

   ● 通夜　24　　● 葬儀・告別式　24

   ● 出棺・火葬・骨上げ　25　　● 納骨　25

   葬儀にかかる費用……………………………… 28

   お墓選びについて……………………………… 30

   `こんなときは` ペットが死亡したら ………… 34

2章 14日以内に行うこと

2-1 健康保険に関する手続き ……………………… 36
　　会社員などの場合（健康保険） ……………… 36
　　退職者・自営業者などの場合（国民健康保険）… 38
　　75歳以上の場合（後期高齢者医療制度） ……… 40
　　🖊 国民健康保険被保険者資格喪失届 ……… 42
　　🖊 後期高齢者医療葬祭費支給申請書 ……… 43

2-2 年金に関する手続き …………………………… 44
　　年金受給停止の手続き ………………………… 46
　　未支給年金の請求 ……………………………… 48
　　🖊 年金受給権者死亡届（報告書）………… 50
　　🖊 未支給【年金・保険給付】請求書 ……… 51
　　遺族年金の請求手続き ………………………… 52
　　🖊 年金請求書（国民年金寡婦年金）……… 60
　　🖊 国民年金死亡一時金請求書 …………… 63

2-3 世帯主の変更 …………………………………… 64
　　🖊 住民異動届 …………………………………… 66

3章 落ち着いたら行うこと

3-1 解約（名義変更・返却など）に関する手続き … 70
銀行口座 ………………………………………… 70
クレジットカード・カードローンなど ……… 71
運転免許証 ……………………………………… 72
マイナンバーカード・住民基本台帳カード … 73
🖊 個人番号カード返納届 …………………… 74
🖊 住民基本台帳カード廃止・返納届 ……… 75
パスポート ……………………………………… 76
賃貸住宅 ………………………………………… 77
電話（携帯・固定）…………………………… 77
`こんなときは` パスワードがわからない！ …… 79
事前に用意しておきたい書類 ………………… 80

4章 相続に関する手続き

4-1 相続とは ………………………………… 84
4-2 遺言書をさがす ……………………… 85
自筆証書遺言 …………………………………… 86
公正証書遺言 …………………………………… 87

	秘密証書遺言 ··	88
4-3	検認 ···	90
	✏️ 家事審判申立書 ··································	92
	✏️ 当事者目録 ·······································	94
	こんなときは 改製原戸籍／戸籍／除籍 ·········	95
4-4	法定相続人の確認 ······································	96
	こんなときは 法定相続人と法定相続分 ········	98
4-5	財産を調べる ··	100
	不動産 ··	102
	預貯金 ··	104
	相続財産の評価方法 ································	106
	✏️ 相続財産目録（例）·····························	107
4-6	意思表示をする ···	108
	✏️ 相続放棄申述書 ·································	110
	こんなときは 相続人に判断する能力がない場合	
	···	112
4-7	遺産分割協議・遺産分割協議書の作成 ······	113
	✏️ 遺産分割協議書（例）·····························	114

4-8	遺産の分割方法	115
	● 現物分割　115	
	● 代償分割　116	
	● 換価分割　116	
	<こんなときは> 遺言に左右されない権利	117
4-9	話がまとまらなかった場合	118
	🖊 遺産分割調停申立書	120
	🖊 当事者等目録	121
	🖊 遺産目録（土地・建物）	122
	<こんなときは> 困ったことになる前に	123
4-10	相続後にすべきこと	
	不動産	124
	預貯金・保険金	126
	自動車	128
	<こんなときは> 原付・バイクの相続手続き	129
	🖊 自動車検査証記入申請書（第1号様式）	132
	有価証券	134
4-11	相続後の手続き（税金関係）	136
	相続税の申告	138

| 📝 相続税の申告書 | 140 |

こんなときは 生前贈与のメリットとデメリット ……… 141

4-12 配偶者居住権制度 …………………………… 142

5章 こんなときには？

5-1 さまざまな制度を利用する ………………… 144
葬祭費 …………………………………………… 144

埋葬費・埋葬料 ………………………………… 146

遺族補償年金 …………………………………… 148

児童扶養手当 …………………………………… 150

高額療養費の払い戻し ………………………… 152

医療費控除 ……………………………………… 154

5-2 こんなときには ……………………………… 156
名字を旧姓に戻したい ………………………… 156

📝 復氏届 ………………………………………… 158

📝 子の氏の変更許可申立書（15歳以上）… 159

婚姻関係を終了したい ………………………… 161

- 🖊 婚姻関係終了届 …………………… 162
- 事業を引き継ぎたい（廃業したい）……… 164
- 🖊 個人事業者の死亡届出書 …………… 166
- きちんとした遺言書を遺したい…………… 168

さくいん…………………………………… 170
西暦・和暦一覧表………………………… 172

※本書の内容は、2019年3月現在の情報に基づいています（2018年の民法（相続法）改正に対応済み）。

1章

すぐに行うこと

1-1 死亡診断書(死体検案書)を受け取る

　大切な家族が亡くなると、精神的にも辛い中、行わなければならない事務手続きが次々と出てきます。何をしなければならないのかをあらかじめ知っておくことで、いざというときに落ち着いて行動することができます。

　病院や自宅で亡くなった場合は、臨終に立ち会った医師から「死亡診断書」を、**不慮の事故などで亡くなった**場合には、監察医の検死後に「死体検案書」を交付してもらいます。なお、死亡診断書(死体検案書)は、「死亡届」(1-2参照)と一体となっています。

　今後の手続きで必要となることの多い書類なので、コピーを多めに取っておくといいでしょう。

いつまでに

- 亡くなったことが判明した当日
  もしくは翌日までに

 誰が

- 親族
- 同居人

 何をする

- 死亡診断書(死体検案書)を受け取る
  ※「死亡届」と一体となっています
- 内容に間違いがないかを確認する

1-2 死亡届の提出

　死亡診断書（死体検案書）を受け取ったら、「死亡届」に必要事項を記入します。届出人は主に**親族や同居人**ですが、いない場合は家主・地主・家屋管理人・土地管理人・後見人・保佐人・補助人・任意後見人のいずれかの方となります。内容に間違いがないかを確認した後、署名・捺印します。

　「死亡届」は、死亡を知った日を含めて7日以内に、故人の**死亡した地域**または**本籍地**、または**住んでいた地域**の市区町村窓口に、「埋火葬許可申請書」（1-3参照）などと併せて提出します。

ポイント！
一般的には、葬儀社の人が死亡届および火葬許可申請書の提出を代行してくれることが多いようです。葬儀前後にはしなければならない手続きが多いので、葬儀社の人に教えてもらいながら進めるのが安心です。

いつまでに

- **7日以内（死亡日を含める）**

※国外で死亡したときは、死亡したことを知った日から3か月以内

 どこへ

- **市区町村窓口**
  （故人の死亡地／本籍地／住所地のいずれか）

※24時間受け付けていますが、営業時間外は翌営業日の処理になります

 誰が

- **親族や同居人（届出人）**

※提出は、葬儀社などの代理人でも可

 何を持っていく

- **「死亡届」（→P16）**
- **届出人の印鑑（朱肉を使用するもの）**

※「埋火葬許可申請書」（1-3参照）などと併せて提出します

死亡届・死亡診断書（死体検案書）

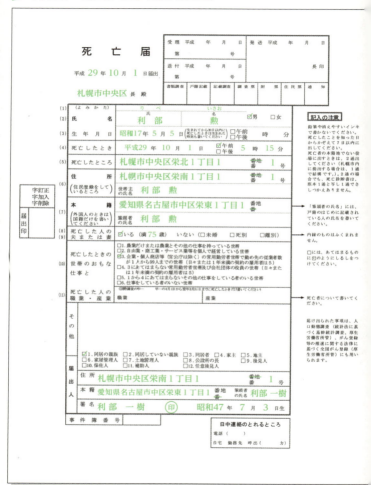

1 すぐに行うこと

死亡診断書(死体検案書)

この死亡診断書(死体検案書)は、我が国の死因統計作成の資料としても用いられます。かい書で、できるだけ詳しく書いてください。

記入の注意
・生年月日が不詳の場合は、推定年齢をカッコを付して書いてください。
・夜の12時は「午前0時」、昼の12時は「午後0時」と書いてください。

| 氏名 | 利部 勲 | 1男 2女 | 生年月日 明治 大正 昭和 平成 17年 5月 5日
(生まれてから30日以内に死亡したときは生まれた時刻も書いてください) 午前・午後 時 分 |

| 死亡したとき | 平成 29年 10月 1日 午前・午後 5時 15分 |

(12)(13) 死亡したところ及びその種別

死亡したところの種別 **1病院** 2診療所 3介護老人保健施設 4助産所 5老人ホーム 6自宅 7その他

死亡したところ 札幌市中央区栄北1丁目1
施設の名称 名古病院   番地 1号

・「老人ホーム」は、養護老人ホーム、特別養護老人ホーム、軽費老人ホーム及び有料老人ホームをいいます。

(14) 死亡の原因

			発病(発症)又は受傷から死亡までの期間
(ア) 直接死因	脳出血		9時間
(イ) (ア)の原因	動脈硬化症		5か月
(ウ) (イ)の原因			
(エ) (ウ)の原因			

傷病名等は、日本語で書いてください。
Ⅰ欄では、各傷病について発病の型(例:急性)、病因(例:病原体名)、部位(例:胃噴門部がん)、性状(例:病理組織型)等もできるだけ書いてください。

妊娠中の死亡の場合は「妊娠満何週」、また、分娩中の死亡の場合は「妊娠満何週の分娩中」と書いてください。
産後42日未満の死亡の場合は「妊娠満何週産後満何日」と書いてください。

Ⅰ欄及びⅡ欄に関係した手術について、術式又はその診断名と関連のある所見等を書いてください。紹介状や伝聞による情報についてもカッコを付して書いてください。

	部位及び主要所見	手術年月日 平成 昭和 年 月 日
手術	1無 2有	
解剖	1無 2有	主要所見

(15) 死因の種類

1病死及び自然死
外因死 不慮の外因死 {2交通事故 3転倒・転落 4溺水 5煙、火災及び火焔による傷害
その他及び不詳の外因死 {6窒息 7中毒 8その他 9自殺 10他殺 11その他及び不詳の外因}
12不詳の死

1・2交通事故は、事故発生からの期間にかかわらず、その事故による死亡が該当します。
「5煙、火災及び火焔による傷害」は、火災による一酸化炭素中毒、窒息等も含まれます。

(16) 外因死の追加事項

傷害が発生したとき 平成・昭和 年 月 日 午前・午後 時 分
傷害が発生したところの種別 1住居 2工場及び建築現場 3道路 4その他 都道府県 市郡 区町村
傷害発生ところ
手段及び状況

「1住居」とは、住宅、庭等をいい、老人ホーム等の居住施設は含まれません。

傷害がどういう状況で起こったかを具体的に書いてください。

(17) 生後1年未満で病死した場合の追加事項

| 出生時体重 グラム | 単胎・多胎の別 1単胎 2多胎(子中第 子) | 妊娠週数 満 週 | 妊娠・分娩時における母体の病態又は異状 1無 2有 3不詳 | 母の生年月日 昭和 平成 年 月 日 | 前回までの妊娠の結果 出生児 人 死産児 胎 (妊娠22週以後に限る) |

妊娠週数は、最終月経、基礎体温、超音波計測等により、できるだけ正確に書いてください。

母子健康手帳等を参考に書いてください。

(18) その他特に付言すべきことがら

(19) 上記のとおり診断(検案)する
診断(検案)年月日 平成29年10月1日
本診断書(検案書)発行年月日 平成29年10月1日

病院、診療所若しくは介護老人保健施設若しくは医師の住所
札幌市中央区栄北1丁目1 番地 1号
(氏名) 診療所 名古病院 古屋 進 ㊞

出典:札幌市

17

1-3 火葬・埋葬許可の申請

　火葬・埋葬を行うためには、火葬許可証が必要となります。火葬許可証は、申請書（「埋火葬許可申請書」「斎場利用許可申請書」など地域によって異なる）を**「死亡届」と併せて**市区町村窓口に提出することで即時交付されます。

　火葬は、原則として死後 24 時間を経過した後でなければ行うことができません。また、多くの火葬場では**友引の日を休業**としているので、日程調整も必要です。

　火葬許可証は、火葬後に確かに火葬したことが裏書きされ「埋葬許可証（火葬証明書）」となります。これは納骨のときに必要となるもので、墓地や納骨堂などに提出します。なお、火葬から 5 年以上経過すると**再発行が難しい**ので、大切に保管しておきましょう。

いつまでに

- 7日以内（死亡日を含める）

 どこへ

- 市区町村窓口

  （故人の死亡地／本籍地／住所地のいずれか）

※公営の斎場を使用するときは、申請時に使用料が必要となる場合があります

 誰が

- 親族や同居人（届出人）

※提出は、葬儀社などの代理人でも可

 何を持っていく

- 申請書（「埋火葬許可申請書」「斎場利用許可申請書」など地域によって異なる）（→ P20）

  ※「死亡届」（1-2 参照）と併せて提出します

- 届出人の印鑑（朱肉を使用するもの）

埋火葬許可申請書

| 体 | 團合 | 担任 | 係長 | 課長 |

死体埋火葬許可申請書

平成 29 年 4 月 8 日

(あて先) 宮前 区長

本籍 神奈川県川崎市宮前区栄西１丁目１ 番地 1 番 21 号

住所 神奈川県川崎市宮前区栄西１丁目 1 番 21 号

死亡者との続柄 長男　申請人 利部 恵一 ㊞

明・大・昭・平 58 年 10 月 17 日生

次のとおり申請します。

本籍	神奈川県川崎市幸区住吉３丁目10 番地
住所	神奈川県川崎市幸区住吉３丁目 10 番 4 号
死亡者氏名	利部 和夫　明・大・昭・平 21 年 3 月 7 日生
性別	男　女
死因	「一類感染症等」　「その他」
死亡の年月日時	平成 29 年 4 月 8 日 午前 4 時 20 分
死亡の場所	川崎市 宮前 区 住吉 町 5 丁目 6 番 2 号
埋葬又は火葬の場所	名古斎場

出典：川崎市

こんなときは

海外で亡くなった場合

　海外旅行中や海外在住時に亡くなった場合、死亡の事実を知ってから3か月以内に、現地で発行された「死亡診断書（死亡届）」を在外公館に提出しなければなりません。

　現地で火葬を行った場合は「火葬証明書」が発行されますが、日本へ遺体を搬送する場合は「防腐処理証明書」が必要になります。これらの書類を在外公館に提出すると、「遺体（遺骨）証明書」と「埋葬許可証」が発行されます。

　日本へ遺体を搬送する場合は、搬送する人のパスポートの緊急発給や現地での滞在、専門業者による通関手続きなどが必要となります。自分たちで調べたり判断したりせず、在外公館の指示を仰ぎながら落ち着いて進めましょう。

1-4 葬儀などの手配

臨終からの一般的な流れ

臨終からの一般的な流れを把握しておきましょう。なお、地域によっては、異なる場合があります。

臨終

医師が死亡を確認したら、**末期の水**を取ります。最近ではあまり見られなくなりましたが、これは、仏教に由来する故人の唇に水を含んだ脱脂綿を当てる儀式で、「死に水を取る」ともいいます。配偶者（妻や夫）・子・両親・兄弟・友人と、故人との関係が深い順に行います。

遺体搬送の手続き

病院で亡くなった場合は、自宅などに遺体を搬送する手続きをします。葬儀を依頼する**葬儀社にお願いする**のが一般的ですが、提携する業

者を病院から紹介してもらうこともできます。なお、遺体搬送には医師から「死亡診断書」(1-1参照)を交付してもらう必要があります。

近親者への連絡

自宅などに遺体を安置したら、近親者へ連絡を入れます。同時に、葬儀社と**通夜や葬儀・告別式についての打ち合わせ**を行います。喪主と世話役、式の概要が決まったら、勤務先や関係者、近隣の方に連絡します。

> **ポイント！**
> 喪主は、葬儀の取りまとめや弔問客・僧侶への対応など、遺族を代表して重要な役割を担うことになります。基本的には配偶者がなりますが、遺言による指定があれば、その方が喪主となります。配偶者が亡くなっている場合などは、直系男子→直系女子→故人の両親→故人の兄弟姉妹の順に喪主となります。

通夜

通夜は、遺族・親類縁者、故人と特に関係が深かった人のみが集まって、最後の夜を過ごすものです。以前は朝まで行われていましたが、今は日が変わる前までには終わる**半通夜**が一般的です。最近では、通夜を行わない一日葬も増えています。

葬儀・告別式

通夜の翌日に、葬儀ならびに告別式が行われます。故人を丁重に弔い、**最後のお別れ**をします。宗旨や宗派によって形式の違いがありますが、僧侶による読経(どきょう)、焼香(しょうこう)、弔辞(ちょうじ)、弔電、献花という流れで進められます。

柩(ひつぎ)のふたを閉める前に故人の愛用品を入れますが、最近では骨箱に入れるケースも増えてきました。

出棺・火葬 骨上げ

棺は、遺族や親族の男性数人で運びます。頭を先にして、霊柩車に乗せるまで同じ向きのまま進みます。喪主から会葬者へのあいさつが終わると、車に乗り込み火葬場へ向かいます。

約1～2時間ほどで火葬が終わると、骨上げを行い、骨を骨壺に納めます。

納骨

納骨の時期に特に期限はありませんが、多くの場合は四十九日の法要と併せて行われます。

> **ポイント！**
> 多くの斎場や火葬場は、「友引」を休業日としていますが、近年の需要増加により対応しているところもあります。希望する場合は、問い合わせてみましょう。

全体の流れ・必要となる書類の手続き

| 臨終
遺体搬送の手続き | ● 死亡診断書（1-1） |

↓

| 近親者への連絡 | ● 死亡届（1-2）
● 埋火葬許可証（1-3） |

↓

| 通夜
葬儀・告別式
出棺・火葬・骨上げ | ● 火葬証明証 |

↓

| 初七日
（亡くなった日も含めて7日目）
※葬儀の日に併せて行うこと
　もあります |

↓

| 納骨 | ● 埋葬許可証 |

↓

↓

四十九日
一周忌
三回忌(満2年)
七回忌(満6年)

※地域や習慣、宗旨・宗派によっても異なります

> 臓器提供に関する意思は、普段から確認しあっておくとよいでしょう。腎臓を70代で、眼球を80代で提供した事例もあります(NPO法人日本移植者協議会)。なお、ドナーカード(臓器提供意思表示カード)は市区町村窓口でもらうことができます

葬儀にかかる費用

　大切な家族とのお別れの場である葬儀。事前に費用の目安を知っておくことで、いざというときも落ち着いて対処することができます。

　（一財）日本消費者協会のデータによると、葬儀にかかる費用の総額は**約196万円**です。ここには、葬儀一式にかかる費用や寺院への費用、飲食接待費が含まれていますが、香典返しや親族の宿泊代などは含まれていません。

　葬儀には、式場の祭壇設置・位牌・棺(ひつぎ)や骨壺・遺影・火葬料・霊柩車や火葬場へ向かうマイクロバス・その他運営管理費など、思っている以上に費用がかかります。相続税を計算する上で、葬儀費用は**遺産総額から差し引く**ことができるので、領収書が出るものはもちろんのこと、些細なものでも書き留めておきましょう。

check 葬儀にかかる費用の総額

通夜からの飲食接待費	30.6 万円
寺院への費用	47.3 万円
葬儀一式費用	121.4 万円
葬儀費用の合計	195.7 万円

出典：(一財) 日本消費者協会「第11回『葬儀についてのアンケート調査』報告書」(2017年) より

※各項目の金額は平均値です。3項目の「費用」の合計と「葬儀費用の合計」は一致しません

葬儀や埋葬にかかった費用の一部を補助してくれる制度があります。詳しくは 5-1 をご覧ください。

お墓選びについて

　近年は少子高齢化により、お墓の継承が難しくなったり、認識の変化により代々のお墓を継承したくないという人も増えています。「遠方に住んでいる」「夫婦ともにひとりっ子」「独身で次の世代に引き継げない」など事情はさまざまです。

　お墓の選び方も多様化しており、昔ながらの家墓(いえはか)や個人で入る**個人墓**、他人と一緒に入る**共同墓**、お墓を建てずに遺骨を保管する**納骨堂**などがあります。

　お墓は、誰か1人の意思だけで決められるものではありません。故人の意志を尊重することはもちろん大切ですが、**トラブルの元になりやすい**ので、まわりの人たちと十分話し合いながら決めましょう。

ポイント！ 継承者がいなくなったお墓を、無縁墓といいます。無縁墓は、大都市を中心に増加傾向にあります。現行の民法では、墓地の使用者が指定すれば、子どもや親族でなくてもお墓を継承することができますが、どうしても継承者が見つからない場合は、永代供養墓に改葬（お墓の引越し）する方法もあります。なお、改葬には所定の手続きが必要です。

家墓

代々の家族を祀り、子孫が継承していく従来型のお墓です。家名を刻み、家族や同一姓の親族が一緒に入ります。

個人墓・夫婦墓

個人墓は1人で入るお墓、夫婦墓は夫婦2人で入るお墓です。継承者がいない場合は、永代供養墓の契約が必要です。

共同墓

他人と一緒に入り、みんなで守っていくお墓です。安価に納骨・供養ができます。いつも誰かがお参りに来るので、花や線香が絶えることがありません。

自宅供養（手元供養）

遺骨（一部またはすべて）を自宅で安置する供養の形です。遺骨（遺灰）を入れることができるアクセサリーなどもあります。

納骨堂

専用の施設で、遺骨を管理（安置）します。墓石の購入やメンテナンスなどがないため、比較的安価に維持・管理することができます。また、街中にあることが多く、いつでもお参りに行くことができます。

樹木墓（樹木葬）

墓石の代わりに木を植えて、墓標とするものです。環境への負担が少ない、お墓の継承者がいなくてもよいなどのメリットがあります。

散骨

遺骨を細かく砕き、海や山などに還す供養の形で、自然葬ともいわれます。

> **ポイント！**
> 墓地には主に、「霊園（民営・公営）」「お寺」があります。霊園は費用の安さ、墓石の自由度が高いなどのメリットがある一方で、郊外にあることが多く気軽にお参りに行くことができないというデメリットがあります。お寺は、付き合い（檀家になる）や墓石の自由度の低さなどがありますが、街中にあるのでいつでも行くことができるというメリットがあります。

こんなときは

ペットが死亡したら

大切なペットが死亡した場合、特に手続きは必要ありませんが、犬の場合は死後30日以内に市区町村や保健所等に「死亡届」を提出します（地域によって異なります）。

ペットの死骸は基本的に一般廃棄物として扱われますが、最近ではペット専門の葬儀社や霊園もあり、葬儀や火葬・納骨などを行ってくれます。ただし、法的な規制がなくトラブルとなるケースも少なくないので、業者を利用する際は比較をして、信頼できるところを選びましょう。

なお、小動物の死骸は自宅の庭に埋葬することも法律上は可能ですが、禁止している自治体もあるので事前に確認しましょう。

2章

14日以内に
行うこと

2-1 健康保険に関する手続き

健康保険の資格は**死亡した日の翌日**に喪失するため、手続きを行う必要があります。

会社員などの場合（健康保険）

お勤めされている方が亡くなった場合、お勤め先に健康保険証を返却します（必要な手続きは、基本的にすべて勤務先が行います）。

ポイント！

故人が世帯主の場合、残された家族は❶国民健康保険への加入（14日以内）、❷任意継続被保険者資格取得（一定期間資格を継続する制度）の申請（20日以内）、❸故人以外の家族の健康保険の被扶養者になる、のいずれかの手続きを行います。❷の場合は要件がありますので、各協会けんぽ・健康保険組合にご確認ください。

いつまでに

- **すみやかに**

※協会けんぽは5日以内（死亡日を含める）

 どこへ

- **故人のお勤め先**

※❶国民健康保険への加入手続きは市区町村窓口など、❷任意継続被保険者資格取得の申請は各協会けんぽ・健康保険組合、❸は家族のお勤め先にご相談ください

 誰が

- **残された家族**

※未成年者に関しては法定代理人

 何を持っていく

- **健康保険証**
- **故人のお勤め先が求めるもの**
  （死亡退職届や社員証など）

退職者・自営業者などの場合
（国民健康保険）

　会社員以外の方（退職されている方や自営業者など）が亡くなった場合、市区町村窓口に健康保険証を返却します。その際、「国民健康保険資格喪失届」を併せて提出します。

　亡くなった方が世帯主で、家族が扶養家族として国民健康保険に加入していた場合は、**世帯主を書き換えた**新しい健康保険証を発行してもらいます。

申請などに必要な各種書類は、自治体によっては、ウェブサイトからダウンロードすることもできます。

いつまでに

- 14日以内(死亡日を含める)

どこへ

- 市区町村窓口(故人の住所地)

誰が

- 残された家族

※未成年者に関しては法定代理人

何を持っていく

- 「国民健康保険被保険者資格喪失届」(→ P42)
- 健康保険証

  ※故人が世帯主の場合は、加入者全員分
- 死亡診断書のコピーなど(死亡を証明するもの)
- 故人のマイナンバーがわかるもの
- 運転免許証など

  (届出人の身分が確認できるもの)
- 印鑑(朱肉を使用するもの)

75歳以上の場合（後期高齢者医療制度）

　故人が75歳以上の場合、もしくは65歳以上で一定の障害のある場合は、限度額適用・標準負担額減額認定証と特定疾病療養受療証を、市区町村窓口に提出します（申請書は特に必要ありません）。なお、葬儀を行うと**葬祭費が支給**されるので、申請書を併せて提出しましょう（→P144）。

> ポイント！
> 介護保険サービスを受けている方が亡くなった場合は、介護保険証の返却と併せて「介護保険資格取得・異動・喪失届」を市区町村窓口に提出します。介護保険料を納めすぎていた場合は還付されますが、不足している場合は納付の必要があります。

> 身体障害者手帳・療育手帳・精神障害者保健福祉手帳をお持ちの方も、市区町村窓口で返却の手続きを行いましょう

いつまでに

- 14日以内（死亡日を含める）

どこへ

- 市区町村窓口（故人の住所地）

誰が

- 残された家族や相続人など

何を持っていく

- 「後期高齢者医療葬祭費支給申請書」など（→P43）
- 限度額適用・標準負担額減額認定証
- 特定疾病療養受療証
- 故人の保険証
- 死亡診断書のコピーなど（死亡を証明するもの）
- 故人のマイナンバーがわかるもの
- 運転免許証など（届出人の身分が確認できるもの）
- 印鑑（朱肉を使用するもの）

※介護保険サービスを受けている方は、「介護保険資格取得・異動・喪失届」と介護保険証が必要です

国民健康保険被保険者資格喪失届

第3号様式(第4条関係)					
国民健康保険被保険者資格喪失届				喪失区分	全喪 / ⟨一部⟩
被保険者証記号番号	12345678	資格喪失年月日	平成 年 月 日		
資格喪失の理由	①社保加入 ②転出 ③死亡 ④生保開始 ⑤その他				

	氏　名 / 個人番号	性別	世帯主との続柄	生年月日
1	利部 弘人 / 123456789012	男・女	本人	T・S・H 26・9・16
2	利部 信子 / 234567890123	男・⟨女⟩	妻	T・S・H 28・4・10
3	利部 香織 / 345678901234	男・⟨女⟩	子	T・S・H 49・10・22
4		男・女		T・S・H
5		男・女		T・S・H
6		男・女		T・S・H
7		男・女		T・S・H
8		男・女		T・S・H

> マイナンバーを記入します

振込先金融機関名	名古 ⟨銀行⟩ 信用金庫 農協 名古 ⟨支店⟩ 出張所	口座番号	⟨普⟩ 当 1234567
口座名義人氏名	(ふりがな) りべ かおり 利部 香織		

上記のとおり届けます。国民健康保険税に還付金が発生する場合は、上記の口座に振込んでください。

平成 29 年 11 月 20 日

　　　　　　　　住　所　清須市 栄町8丁目4番5号
　　　　　　　　世帯主 氏　名　利部 香織　　㊞
　　　　　　　　個人番号　345678901234
清須市長　様　　電　話　052-000-0000

他保加入日より届出が14日を超えた場合は裏面も記載してください。

〈確認事項〉
1. 電算入力内容確認【 □ 異動日、□ 異動事由、□ 喪失者 】
2. 被保険者証の回収【済・未回収（理由：　　　　　　　　　）】
3. 高齢受給者証回収【済・非該当・未回収（理由：　　　　　）】
4. 納税通知書（試算）【済・未発行（理由：　　　　　　　　）】
5. 仮精算後納付書の発行【済・未発行（理由：　　　　　　　）】
6. その他連絡事項 ....

受付者名		確認者名	

出典：清須市

後期高齢者医療葬祭費支給申請書

様式第22号

後 期 高 齢 者 医 療 葬 祭 費 支 給 申 請 書

受付日	年 月 日
決定日	年 月 日
保険者番号	

被保険者番号	12345678
支給申請金額	50000 -

死亡者の氏名	利部 実
死亡者の生年月日	昭和6年12月23日
死亡年月日	平成29年4月21日
その他	

葬祭執行者	葬祭日	平成29年4月24日
	住所	大阪府大阪市阿倍野区栄1丁目1番1号リベラルハイツ201号室
	氏名	利部 新一
	連絡先	06-0000-0000

該当するものに○をつけてください。該当するものがない場合は（ ）内に記載してください。網掛けの中は記載不要です。

振込先	銀行 信用金庫 信用組合 協同組合 ( )	名古	本店・支店 ( )	預金種別	普通 当座
	名古				

口座番号等	1 2 3 4 5 6 7
口座名義人（カタカナ）	リベ シンイチ

口座名義人はカタカナで上詰め左づめで記入してください。濁点・半濁点は1字として、姓と名の間は1字あけてください。

上記のとおり申請します。

大阪府後期高齢者医療広域連合長 宛　　29年 7月 3日

大阪府大阪市阿倍野区栄

申請者　郵便番号 545-0000　住所 1丁目1番1号 リベラルハイツ201号室

　　　　氏名 利部 新一 ㊞

　　　　死亡者との続柄 長男　　電話番号 06-0000-0000

委任状欄	年 月 日 (口座名義人)
	上記葬祭費の受領に関する一切の権限を _____ に委任します。
	委任者 住所
	(申請者) 氏名 ㊞

出典：大阪府後期高齢者医療広域連合

2-2 年金に関する手続き

　日本に住む20歳以上60歳未満のすべての国民は、**国民年金**に加入しています。会社員や公務員であれば、国民年金の他に**厚生年金**にも加入しています。まずは年金手帳などをもとに、故人の年金の種類を確認してみましょう。

ポイント！

> 年金は年6回、偶数月15日に2か月分がまとめて支給されます。

自営業者・学生・アルバイトなど
（第1号被保険者）

国民年金

会社員・公務員など
（第 2 号被保険者）

厚生年金
（＋国民年金）

※公務員等が加入する共済年金は、平成 27 年 10 月に厚生年金に統一されました

サラリーマンの配偶者（専業主婦など）
（第 3 号被保険者）

厚生年金
（＋国民年金）

年金受給停止の手続き

年金を受け取っていた方が亡くなった場合は、年金受給を停止する必要があります。厚生年金の場合は**10日以内**に、国民年金の場合は**14日以内**に行います。

手続きとしては、年金事務所や年金相談センターに「年金受給権者死亡届（報告書）」を提出しますが、日本年金機構にマイナンバーの届け出をされている方は提出を省略することができます。

ポイント！

手続きが遅れ、年金を受け取りすぎた場合は、後日その分を返還する必要が生じますので、手続きはすみやかに行いましょう。

いつまでに

厚生年金
- 10 日以内（死亡日を含める）

国民年金
- 14 日以内（死亡日を含める）

 どこへ

- 年金事務所
- 年金相談センター

 誰が

- 故人と生計を同じくしていた配偶者・子・父母など

 何を持っていく

- 「年金受給権者死亡届（報告書）」（→ P50）
- 年金証書
- 死亡を証明するもの（戸籍抄本・住民票の除票・死亡診断書のコピーなど）

未支給年金の請求

故人に支払いを受けるべき年金がある場合、生計を同じくしていた（例：一緒に暮らしていたなど）遺族は「未支給【年金・保険給付】請求書」を提出することで、死亡した月の分まで受給することができます。

なお、権利があるにもかかわらず受け取っていない年金も受給することができますが、**5年を過ぎると時効**となってしまうため気をつけましょう。

ポイント！

受け取りを希望する口座がネット銀行（インターネット上ですべての取引を行い、実店舗を持たない）のものである場合、受け取りができないことがあるので、注意しましょう。

いつまでに

- すみやかに

※時効は5年（死亡日を含めない）

 どこへ

- 年金事務所
- 年金相談センター

 誰が

- 故人と生計を同じくしていた配偶者・子・父母など

何を持っていく

- 「未支給【年金・保険給付】請求書」（→P51）
- 年金証書
- 住民票など（故人と請求者が生計を同じくしていたことがわかるもの）
- 金融機関の通帳（コピーでも可）

※故人と請求者が別世帯の場合は、別途「生計同一についての別紙の様式」が必要です

年金受給権者死亡届（報告書）

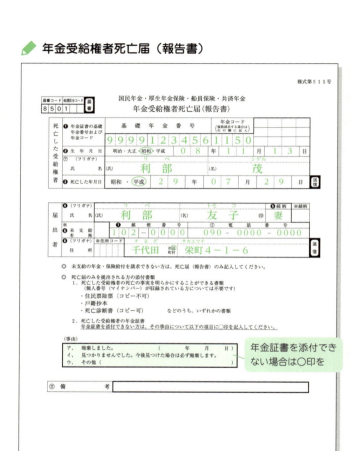

出典：日本年金機構

未支給【年金・保険給付】請求書

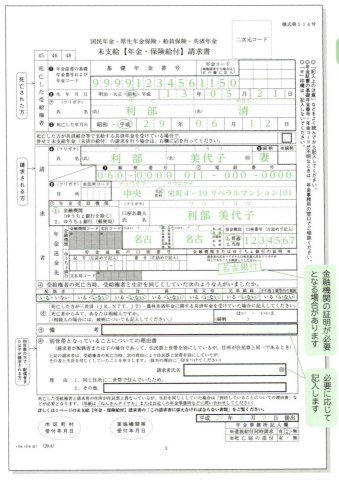

出典：日本年金機構

遺族年金の請求手続き

　配偶者（妻や夫）や親が亡くなったときに、残された者が生計を維持するために受け取ることができるのが遺族年金です。**生計を維持**されていた（例：故人の収入で暮らしていたなど）もしくは**生計を同じく**していた（例：一緒に暮らしていたなど）が受給の前提となりますが、他にもいくつかの要件が設けられています。

　遺族年金には遺族基礎年金と遺族厚生年金があり、どちらか一方もしくは両方を受け取ることができます。受給要件に該当しない方でも、寡婦(かふ)年金か死亡一時金のどちらかを受け取ることができる場合があります。

遺族基礎年金

　故人によって生計を維持されていた**子のいる配偶者**または**子**が、受け取ることができます。ただし、結婚していないことに加えて、子は次の①または②のいずれかに該当する必要があります。

> ❶ 18歳以下（18歳になった年度の3月31日を経過していない者）
> ※故人の死亡当時に胎児であった子も、出生以降に対象となります
> ❷ 20歳未満で、障害等級1級または2級の障害状態にある

遺族厚生年金

厚生年金に加入している（加入していた）故人によって、生計を維持されていた**遺族**（優先順位が高いいずれかの方）が受け取ることができます。ただし、次に該当する必要があります。

> ● 妻※1　● 子※2　● 孫
> ● 55歳以上の夫※3、父母、祖父母
> ※1：30歳未満で子がいない場合、受給期間は5年間
> ※2：結婚していないことに加えて、18歳以下（18歳になった年度の3月31日を経過していない者）、もしくは20歳未満で、障害等級1級または2級の障害状態にある者
> ※3：支給開始は60歳から。遺族基礎年金を受給している場合、併せて受給可能

いつまでに

- すみやかに

※時効は5年（死亡日を含めない）

 どこへ

- 年金事務所
- 年金相談センター

 誰が

- 受給要件を満たす方

ポイント！

遺族基礎年金は子がいる方（または子）にしか支給されませんが、遺族厚生年金は生涯受け取ることができます（再婚した場合は不可）。なお、遺族厚生年金には中高齢寡婦加算や経過的寡婦加算というプラスで支給される給付があります。細かな要件がありますので、問い合わせをしてみましょう。

何を持っていく

遺族基礎年金
- 「年金請求書（国民年金遺族基礎年金）」

遺族厚生年金
- 「年金請求書（国民年金・厚生年金保険遺族給付）」

遺族基礎年金・遺族厚生年金ともに必要なもの
- 年金手帳
- 死亡診断書のコピーなど（死亡を証明するもの）
- 戸籍謄本
- 住民票（世帯全員）
- 故人の住民票の除票

  ※住民票に含まれている場合は不要
- 在学証明書または学生証

  ※義務教育終了前は不要
- 所得証明書など（請求者の収入が確認できるもの）
- 金融機関の通帳など（コピーでも可）
- 印鑑（朱肉を使用するもの）

※上記以外のものが必要となる場合があります

寡婦年金

第1号被保険者として国民年金の保険料を10年以上納めた故人（夫）によって、生計を維持されていた **65歳未満の妻**（継続した婚姻期間が10年以上）が受け取ることができます。ただし、次の場合は請求することができません。

> - 故人が「障害基礎年金の受給権者」または「老齢基礎年金を受給したことがある」
> - 故人と妻との婚姻関係が10年未満
> - 妻が老人基礎年金を繰上げで受給している

なお、寡婦年金の受給期間は、妻が60歳から64歳になるまでの5年間です。

 いつまでに

- **すみやかに**
※時効は5年（死亡日を含めない）

どこへ

- 年金事務所
- 年金相談センター

誰が

- 受給要件を満たす妻

何を持っていく

- 「年金請求書(国民年金寡婦年金)」(→ P60)
- 年金手帳
- 年金証書(受給している場合)
- 戸籍謄本
- 住民票(世帯全員)
- 故人の住民票の除票

  ※住民票に含まれている場合は不要
- 所得証明書など(請求者の収入が確認できるもの)
- 金融機関の通帳など(コピーでも可)
- 印鑑(朱肉を使用するもの)

※上記以外のものが必要となる場合があります

死亡一時金

　第1号被保険者として国民年金の保険料を36か月以上納めた故人と生計を同じくしていた、優先順位が高いいずれかの**遺族**（①配偶者・②子・③父母・④孫・⑤祖父母・⑥兄弟姉妹）が受け取ることができます。ただし、次に該当する場合は請求することができません。

> ● 故人が「障害基礎年金の受給権者」または「老齢基礎年金を受給したことがある」
> ※寡婦(かふ)年金を受けられる場合は、どちらか一方を選択します

　保険料を納めていた期間により、受け取ることができる金額は異なります。また、申告期限も**2年**と短いので、注意が必要です。

いつまでに

- すみやかに

※時効は2年(死亡日を含めない)

 どこへ

- 年金事務所
- 年金相談センター

誰が

- 受給要件を満たす方

 何を持っていく

- 「国民年金死亡一時金請求書」(→ P63)
- 年金手帳
- 戸籍謄本
- 住民票(故人と請求者)
- 金融機関の通帳など(コピーでも可)
- 印鑑(朱肉を使用するもの)

※上記以外のものが必要となる場合があります

年金請求書（国民年金寡婦年金）

年金請求書（国民年金寡婦年金）

様式第109号

届書コード：7 4 1（届書）
年金コード：5 9 5

○○のなかに必要事項を記入してください。
（※印欄には、なにも記入しないでください。）
○フリガナはカタカナで記入してください。
○請求者が自ら署名する場合には、押印は不要です。

※基礎年金番号が交付されていない方は、❶、❸の「基礎年金番号」欄は記入の必要はありません。

死亡した方（夫）
- ❶基礎年金番号：9999 001234 56
- ❷生年月日：明・大・昭・平 30 年 04 月 22 日
- 氏名（フリガナ）：リベ マコト／利部 誠

請求者
- ❸基礎年金番号：8888 123456 78
- ❹生年月日：明・大・昭・平 32 年 03 月 14 日
- 氏名（フリガナ）：リベ カズコ／利部 和子
- ❺住所の郵便番号：9502000
- 住所（フリガナ）：ニシ サカエマチ／西 市区町村 栄町2-8

※過去に加入していた年金制度の年金手帳の記号番号で、基礎年金番号と異なる記号番号があるときは、その記号番号を記入してください。

死亡した方（夫）
- 厚生年金保険：
- 船員保険：
- 国民年金：

【❸請求者の基礎年金番号】欄を記入していない方は、つぎのことにお答えください。（記入した方は、回答の必要はありません。）
過去に厚生年金保険、国民年金または船員保険に加入したことがあります。○で囲んでください。　**ある**・ない
「ある」と答えた方は、加入していた制度の年金手帳の記号番号を記入してください。

請求者
- 厚生年金保険：
- 船員保険：
- 国民年金：

❻年金受取機関
1. 金融機関（ゆうちょ銀行を除く）
2. ゆうちょ銀行（郵便局）

口座名義人 氏名（フリガナ）：リベ カズコ／利部 和子

金融機関コード・支店コード（フリガナ）ナゴ／名古（銀行・農協・信組・信連・漁協）　（フリガナ）ナゴ／名古　本店・支店・出張所・本所・支所　預金種別 1.普通 2.当座　口座番号（左詰めで記入）1234567

ゆうちょ銀行　貯金通帳の口座番号　記号（左詰めで記入）11960　番号（右詰めで記入）123456

金融機関またはゆうちょ銀行の証明　請求者の氏名フリガナと口座名義人氏名フリガナが同じであることを確認してください。
※貯金口座は振込できません。　名古銀行

※口座をお持ちでない方や口座でのお受取りが困難な事情がある方は、お受取り方法について、「ねんきんダイヤル」またはお近くの年金事務所にお問い合わせください。

連絡欄

1704 1018 002

金融機関の証明が必要となる場合があります

14日以内に行うこと

⑦あなたは、現在、公的年金制度等（表1参照）から年金を受けていますか。○で囲んでください。

1. 受けている	2. 受けていない	3. 請　求　中	制度名（共済組合名等）		年金の種類

受けていると答えた方は、下欄に必要事項を記入してください（年月日は支給を受けることになった年月日を記入してください）。

制度名（共済組合名等）	年金の種類	年　月　日	年金証書の年金コードまたは記号番号等
		・　・	
		・　・	
		・　・	

● 年金コードまたは共済組合コード・年金種別
1
2
3
● 他 年 金 種 別

「年金の種類」とは、老齢（退職）、障害、遺族をいいます。

● 上　　外	● 第 三 者
上・外 1・2	

●受給権発生年月日	●停止事由	● 停 止 期 間	● 条　　　文	失権事由	失 権 年 月 日
			0 1 4 9 0 0 1 0 0		

●摘　要	● 請 求 者 の 個 人 番 号 　　　　　　　　　　　　　　　1 2 3 4 5 6 7 8 9 0 1 2

●時効区分	送信

マイナンバーを記入します

★ 市区町村 からの連 絡事項	未納保険料 の　納　付	有　昭和・平成　　年　　月分から 無　昭和・平成　　年　　月分まで	差額保険料の 未納分の納付	有　昭和・平成　　年　　月分から 無　昭和・平成　　年　　月分まで
	保険料の追納	有　昭和・平成　　年　　月分から 無　昭和・平成　　年　　月分まで	検認証の添付	有　・　無

出典：日本年金機構

| 請求者の電話番号 | (025)-(000)-(0000) |

④
(1) 死亡した方の生年月日 昭和30年 4月 22日　住所 新潟市西区栄町1-1-11

(2) 死亡年月日 平成29年 7月 19日

(3) 死亡の原因である傷病または負傷の名称 心不全

(4) 傷病または負傷の発生した日 平成29年 7月 16日

(5) 傷病または負傷の初診日 　年　月　日

(6) 死亡の原因である傷病または負傷の発生原因

(7) 死亡の原因は第三者の行為によりますか。 1. はい　2. いいえ

(8) 死亡の原因が第三者の行為により発生したものであるときは、その者の氏名および住所
　　氏名
　　住所

(9) 死亡の原因は業務上ですか。 1. はい　2. いいえ

(10) 労災保険から給付が受けられますか。 1. はい　2. いいえ

(11) 労働基準法による遺族補償が受けられますか。 1. はい　2. いいえ

(12) 死亡した方は国民年金に任意加入した期間について特別一時金を受けたことがありますか。 1. はい　2. いいえ

(13) 死亡した方が次の年金を受けていましたか（または受給権者でしたか）。　ア. 老齢基礎年金　イ. 障害基礎年金（旧国民年金法による障害年金（障害福祉年金を除く）を含む） 1. はい　2. いいえ

(14) 死亡一時金を受け取ることができますが寡婦年金を選択しますか。 1. はい　2. いいえ

⑦ 生 計 維 持 証 明

生計同一関係

請求者は死亡者と生計を同じくしていたことを申し立てる。

平成29年7月27日
　請求者　住所 新潟市西区栄町1-1-11
　　　　　氏名 利郎 和子
　　　　　（請求者との関係）

※該当しない箇所は二重線できちんと消します

(注) 1　この申立は、民生委員、町内会長、事業主、年金委員、家主などの第三者（第三者には、民法上の三親等内の親族は含まれません。）の証明に代えることができます。
　　 2　この申立（証明）には、世帯全員の住民票（コピー不可）を添えてください。
　　 3　請求者が申立を行う際に自ら署名する場合は、請求者の押印は不要です。

収入関係

1. この年金を請求する方は次に答えてください。	※確認印	＊年金事務所の確認事項
年収は、850万円未満＊ですか。	はい・いいえ	ア. 健保等被扶養者（第三号被保険者） イ. 加入期または加給年金額対象者 ウ. 国民年金保険料免除世帯 エ. 源泉徴収票・非課税証明等
2. 上記1で「いいえ」と答えた方で、収入がこの年金の受給権発生当時以降おおむね5年以内に850万円未満＊となる見込みがありますか。	はい・いいえ	

平成 29 年 7 月 27 日提出

(赤) 平成6年11月8日までに受給権が発生した方は「600万円未満」となります。

出典：日本年金機構

国民年金死亡一時金請求書

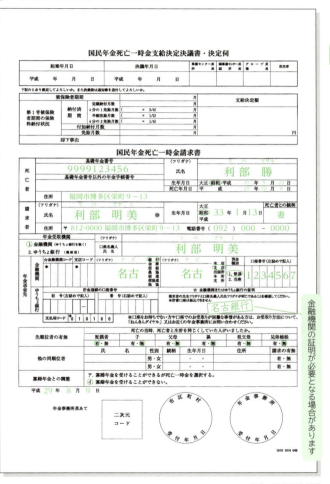

14日以内に行うこと

金融機関の証明が必要となる場合があります

出典：日本年金機構

2-3 世帯主の変更

　世帯主が亡くなり、残された者（15歳以上の世帯員）が複数人いる場合は、世帯主変更手続きを行う必要があります。

　新たに世帯主となる方または世帯員、または代理人（委任状が必要）が申請書（「世帯主変更届」「住民異動届」など地域によって異なります）を市区町村窓口に提出します。

　なお、残された15歳以上の者が複数人いない場合（例：妻のみ／妻と15歳以下の子どもなど）は、その方が**自動的に世帯主となる**ため、手続きの必要はありません。

いつまでに

- 14日以内(死亡日を含む)

 どこへ

- **市区町村窓口(故人の住所地)**

※新たな世帯主か世帯員が届け出る必要がありますが、代理人でも可(委任状が必要)

 誰が

- 新たに世帯主になる方など(同一世帯員)

📄 **何を持っていく**

- 申請書(「世帯主変更届」「住民異動届」など地域によって異なる)(→ P66)
- 運転免許証など
  (届出人の身分が確認できるもの)
- 印鑑(朱肉を使用するもの)

住民異動届

(宛先) 岡崎市長		住民異
届出人 ☑本人 □世帯主 □(法定・任意)代理人		異動 新旧 全・全・
氏名 **利部 由美子** ㊞		
TEL (090) 0000 − 0000		
(本人以外が届出の場合記入) 住所 □(新・前)住所に同じ		(本人以外) 明大昭平 西暦

異動日	平成 **29** 年 **7** 月 **1** 日	届出日	平成 **29** 年 **7** 月 **1** 日	新世帯
新住所	**岡崎市栄町3丁目21番4号**			新世帯 利
(アパート名・部屋番号等)	**メゾンリベラル204**			
前住所				前世帯 利
(アパート名・部屋番号等)				
本籍 (日本人のみ) □新住所に同じ □前住所に同じ				筆頭者
備考				□署名用失効続 □継続手 □特例

	異動者全員の氏名・フリガナ	生年月日・住民票コード	性	続
1	リベ ユミコ **利部 由美子**	明 大 ㊵ 平 西暦 **54** 年 **2** 月 **10** 日	男・㊛	
2	リベ ショウ **利部 翔**	明 大 ㊵ 平 西暦 **11** 年 **7** 月 **7** 日	㊚・女	
3	リベ ミク **利部 三久**	明 大 ㊵ 平 西暦 **16** 年 **12** 月 **4** 日	男・㊛	
4		明 大 昭 平 西暦 年 月 日	男・女	
5		明 大 昭 平 西暦 年 月 日	男・女	

受付	入力	照合	本籍	住・個カード	通知カード	在留カード	国保	年金	届出本人確認欄

太枠の中だけ黒色で丁寧に書いてください。別世帯の代理人による届出の場合、委任状及び頼んだ人・窓口に来た人双方の本人確認書類をお持ちください。

届出人本人を含む、異動する人全員を記入してください。

動 届

※個人番号は記入しないでください。

1. 転入　2. 転居　7. 世帯変更
3. 転出　4. 修正　分離・合併　　8. 法30条46
5. 削除　6. 記載　変更・主変　　9. 法30条47

	特例転入	世帯番号	新	
	特例転出		旧	

年月日
□同一世帯　□オンライン　□住基ネット

リガナ　ユミコ
名　由美子

名　聡

国民健康保険

保険証	回収（ ）	郵送交付	□口座取消届	□社保確認済
	未収（ ）	窓口交付	有・無	□健保確認済

取得（全・一）	喪失（全・一）	変更	申請
1. 転入　2. 出生	1. 転出　2. 死亡	1. 分離	1. 学発行・廃止
3. 社保離脱　4. 生保廃止	3. 社保加入　4. 保開始	2. 合併	2. 出産育児一時金
5. 退職被保（本・扶）	5. 退職被保（本・扶）	3. 転居（全・一）	3. 葬祭費
6. 国組離脱　7. 後期離脱	6. 国組加入　7. 後期加入	4. 氏名	4. 再交付
8. その他	8. その他	5. その他	5. その他

国民年金

取得	喪失	種別変更	理由
1. 適用もれ	1. 公年加入	A. 3号→1号	1. 本人所得増
2. 20歳到達	2. 公年受給	B. 1号（任）→1号（強）	2. 配偶者公年離脱
3. 公年離脱	3. 3号移行	C. 1号（強）→1号（任）	3. 離婚
4. 海外転入	4. 海外転出		4. その他
5. その他	5. その他		

証明書　□通知カード　個人番号カード申請書交付　確認　□異動日　□新住所　□世帯主の住定日
　　　　再交付申請受付　白紙・ID付　　　　　　　　　□親権者　□住基ネット　□住基法のみの届出（　）
内済　□通知カード案内済　個人番号カード申請　有・無　添付　□本籍地　□個人番号新規付番（　）
内済　□転出証明書提出済　□メモ確認済　　　　　　　　　　　□申送書　□委任状　□戸籍・附票　□在留CD等の写し
　　　　　　　　　　　　　　　　　　　　　　　　　　　　　　□宣誓書　□パスポートの写し　□転出証明書等

14日以内に行うこと

	印　住・個カード	通知カード	在	国民健康保険	基礎年金番号		
回・未	A・B・個　継続・変更　廃止・停止　署名用電子有・無	持参・未参・無　送付　返納　変更	持参・未参・無	国　退	・　・	得・未　喪	介護保険 有・無　高齢医療 有・無　医療 有・無　手当金 有・無　児童 有・無　就学 有・無
回・未	A・B・個　継続・変更　廃止・停止　署名用電子発行・無	持参・未参・無　送付　返納　変更	持参・未参・無	国　退	・　・	得・未　喪	収受印
回・未	A・B・個　継続・変更　廃止・停止　署名用電子発行・無	持参・未参・無　送付　返納　変更	持参・未参・無	国　退	・　・	得・未　喪	
回・未	A・B・個　継続・変更　廃止・停止　署名用電子発行・無	持参・未参・無　送付　返納　変更	持参・未参・無	国　退	・　・	得・未　喪	岡・大・東・岩・矢・六・頼　第　　号

免　個人　住基B　在留　特永　身障　療育　精神　パスポート　資格認定証　官公庁職員証
保（　）　年年証　医受　生保　住基A　学生証　社員証　預通・カード（　）
診察券　他（　　　　　　　　　）聞取り（　　　　　　　　）通知

出典：岡崎市

3章

落ち着いたら行うこと

3-1 解約（名義変更・返却など）に関する手続き

　故人の利用していたサービスの解約や名義変更、返却などの手続きを行う必要があります。

▌銀行口座

　故人が銀行などの口座を持っていた場合、金融機関に亡くなったことを申し出ます（新聞の訃報欄などで、金融機関側が把握する場合もあります）。これにより口座が凍結され、**入出金などができなく**なります。公共料金などの引き落とし先としていたのであれば、変更の手続きを行う必要があります。

　なお、相続が発生する場合は別途手続きが必要となります（4-1 参照）。

ポイント！ 医療機関や葬儀社などへの支払いなどでまとまったお金が必要な場合、例外的に出金に応じてもらえるケースもあります。金融機関に問い合わせをしてみましょう。

クレジットカード・カードローンなど

クレジットカードやカードローンの支払い、銀行からの借入金などがある場合、**残債の支払い**と解約手続きが必要となります。「亡くなると借金はチャラになる」という話を聞いたことがある方も多いと思いますが、それは団体信用生命保険に加入することが条件となっている住宅ローンの場合です。

なお、相続が発生する場合、支払いを了承することで後に**大きな影響を及ぼす**こともあります。3か月以内（熟慮期間内）に調べて、相続放棄などの判断をする必要があります。

運転免許証

運転免許証に、**返納義務はありません。**更新手続きを行わなければ自動的に失効しますが、紛失や盗難などにより悪用されるケースもあるので注意しましょう。

形見として持っていたい場合は、届け出の際に申し出れば、無効化の処理をした上で（パンチで穴を開けるなど）返却してもらうこともできます。

どこへ

- 最寄りの警察署
- 運転免許センター

何を持っていく

- 故人の運転免許証
- 死亡診断書のコピーなど（死亡を証明するもの）
- 届出人の身分が確認できるもの
  （運転免許証など）

マイナンバーカード・住民基本台帳カード

マイナンバーカードは、市区町村窓口に返納届を添えて返納します。ただし、**保険金受け取り**などの際にマイナンバーが必要となる場合もありますので、注意しましょう。

住民基本台帳カード（住基カード）は、自動的に無効（廃止）となりますが、悪用を防ぐ意味でも返納手続きを行いましょう。

どこへ

- 市区町村窓口

何を持っていく

- 返納届（「個人番号カード返納届」「住民基本台帳カード廃止・返納届」など）（→ P74、75）
- 故人のマイナンバーカード／住基カード
- 運転免許証など（届出人の身分が確認できるもの）
  ※代理人による返納も可能です（委任状が必要）

個人番号カード返納届

個人番号カード返納届
電子証明書　失効申請書

倉敷市長　様

平成29年4月4日

| 個人番号 | 123456789012 | 生年月日 ※ | | 性別 ※ | 男・女 |

氏　名	利部　剛　　㊞
住　所	倉敷市栄町5-1-10
電話番号	086-000-0000
返納理由	本人死亡のため

マイナンバーを記入します

※ 個人番号がわからない場合は、生年月日と性別を記載してください。

失効申請等について、該当するものに○を付けてください。また、失効を希望される電子証明書のシリアル番号を確認できる資料（個人番号カード、電子証明書の写し等）を本日お持ちいただいている場合にはその旨を、もしその番号をお分かりになる場合は併せてそれもご記入ください。なお、個人番号カードをお持ちいただいている場合は、失効した電子証明書及びその継続ペアを当該個人番号カードより消去いたしますので、あらかじめご了承ください。

署名用電子証明書	シリアル番号 ①	資料の有無	(無)・有
	サービス利用の自発的な取り止め 利用者の秘密鍵の漏えい等 （例：個人番号カードの紛失・破損・盗難・廃止、暗証番号の漏えい等）		
利用者証明用電子証明書	シリアル番号 ①	資料の有無	(無)・有
	サービス利用の自発的な取り止め 利用者の秘密鍵の漏えい等 （例：個人番号カードの紛失・破損・盗難・廃止、暗証番号の漏えい等）		

代理人による届出の場合は、以下に記入してください。

代理人	利部　久美子　　㊞	本人との関係	妻
住　所	倉敷市栄町5-1-10
電話番号	086-000-0000

(参考) 個人番号の記載がある場合は、生年月日と性別に加えて、住所の記載も省略することが可能です。

確認書類	□運転免許証　□個人番号カード　□旅券　□官公署発行の身分証明書等（写真付） □健康保険証　□医療受給者証　□年金手帳　□その他（　　　）
添付書類	□個人番号カード
受付サイン	統合端末	国外転出
	□廃止　□回収　　□電子証明失効入力	□還付済

出典：倉敷市

住民基本台帳カード廃止・返納届

住民基本台帳カード廃止・返納届

平成29年 2月 1日

柏崎市長 様

下記の理由により、住民基本台帳カードを（廃止・返納）します。

1 住民基本台帳カード返納対象者について記入してください。

住民票コード（11桁）	1 2 3 4 5 6 7 8 9 0 1
（ふりがな）氏　名	り べ　たつや　利部 達也 ㊞　（明・大・昭・平・西　年　月　日生）（性別 男・女）
住　所	柏崎市栄町10-2　（電話番号 0257 - 00 - 0000 ）

返納理由
- □ カードの破損・機能損傷
- □ 紛失・焼失・盗難
- □ 本人希望
- □ 再交付
- □ 有効期間内の交付
- □ 住民票コード変更
- □ 国外転出
- ☑ 死亡
- □ 有効期間満了
- □ その他（　　　　　　　）

※ 住民票コードがわからない場合は、生年月日と性別を記載してください。

2 代理人申請の場合は、代理人について記入してください。
※ 代理人申請の場合は、申請者からの委任状が必要になります。（ただし、返納理由「死亡」を除く。）

（ふりがな）氏　名	り べ　利部 ゆかり ㊞　申請者との続柄（ 妻 ）
住　所	柏崎市栄町10-2　（電話番号 0257 - 00 - 0000 ）

（以下事務処理欄）
カード回収の有無
- □ 回収 → □ 管理簿記入
- □ 未回収（理由：□ 紛失による　□ その他（　　　　））
  → □ 管理簿記入

受　付	入　力	管理簿

廃棄待ちカード処理番号　＿＿＿＿＿＿

出典：柏崎市

パスポート

パスポートは、原則として**返納しなければならない**と定められています。手続きは、各自治体の窓口やパスポートセンターで行います。

なお、運転免許証（→ P72）と同様、届け出の際に申し出れば、無効化の処理をした上で返却してもらうことができます。

どこへ

- 各自治体の窓口
- パスポートセンター

何を持っていく

- 故人のパスポート
- 死亡診断書のコピーなど（死亡を証明するもの）
  ※パスポートの有効期間が切れている場合は不要です
- 運転免許証など
  （届出人の身分が確認できるもの）

賃貸住宅

故人が賃貸住宅の契約者となっていた場合、故人と**同居していた家族**が権利義務を引き継ぐことができます。住み続ける場合は、賃貸契約書を持って不動産業者に相談しましょう。

入居に一定の条件がある公営住宅は、**相続の対象にならない**（住み続けることができない）という判例があります。ただし、状況によっては可能となる場合もありますので、管理者に問い合わせてみましょう。

電話（携帯・固定）

携帯電話の解約は、契約の内容によっては手数料などの支払いが必要となることがあります。契約を引き継ぐ場合は、必要な書類を持参のうえ、店頭で手続きを行います。

固定電話は、**承継**または**解約**のいずれかを選択することができます。ウェブサイトで「加入権等承継・改称届出書」をダウンロードし、必要事項を記入のうえ、必要書類とともに郵送します。

解約や名義変更等が必要なもの（一覧）

- ☐ 電気　　☐ ガス　　☐ 水道
- ☐ 携帯電話　　☐ 固定電話
- ☐ 放送サービス（NHK・BS・CS・ケーブルテレビなど）
- ☐ インターネットサービス
　（ホームページ・ブログ・メールマガジンなど）
- ☐ 賃貸住宅　　☐ 駐車場　　☐ 銀行口座
- ☐ クレジットカード・カードローン
- ☐ 運転免許証
- ☐ パスポート
- ☐ 航空会社のマイレージ
- ☐ マイナンバーカード・住民基本台帳カード
- ☐ 各種会員サービス（百貨店・ロードサービスなど）
- ☐ 趣味の習いごと（ピアノ教室・フィットネスクラブなど）

※印鑑登録は、「死亡届」を提出すると自動的に抹消されます

 郵便物の転送は、意外に忘れてしまいがちな手続きです。最寄りの郵便局の窓口、もしくはウェブサイトから申し込みましょう。

> **こんなときは**

パスワードがわからない！

　今や、誰もがパソコンや携帯電話などのデジタル機器を持つ時代になりましたが、遺族がその取り扱いに困るケースも増えています。いわゆる「デジタル遺品」というものです。

　引き継ぐべき情報やファイルなどは生前に書き出して、別に保管しておくことが大切です。最近では、パスワードの解除やファイルの取り出し、ホームページの削除などを請け負う業者もあるようです。

　トラブルの種になる場合もあるので、これからはデジタル遺品のことも考えた「終活」が必要になってくるでしょう。

事前に用意しておきたい書類

　手続きは、とても時間がかかるものです。同じ役所内でも、担当窓口が異なったりすると、一日仕事になることも珍しくありません。

　さまざまな手続きを行う中で、何度か提出を求められる書類があります。**事前に複数枚用意**しておけば手間がかからず、時間の節約にもなります。

死亡診断書のコピー・写し

　死亡した日などが明記されたもので、死亡を証明する書類としてさまざまな手続きの際に必要となります。提出（1-2参照）してしまうと原本が手元に残らないため、複数枚コピーを取っておくと安心です。

　なお、保険金の受け取りなどは、**コピーでは対応してもらえない**こともありますので、市区町村窓口や法務局で「死亡届の写し（死亡届記載事項証明書）」を発行してもらいましょう。

金融機関の通帳等のコピー

通帳やカードの口座番号・加入者名・支店名がわかる部分のコピーを用意しておくと、振込先の指定時に役立ちます。

住民票の除票の写し

亡くなった方の最後の住所を確認したり、住所変更の経緯を確認するために必要となります。市区町村窓口で発行してもらえますが、マイナンバーカードもしくは住民基本台帳カードがあれば、地域によっては**コンビニエンスストア**でも発行することができます。

> **ポイント！**
> 次の書類を事前に用意しておくと、相続のさまざまな手続きをスムーズに進めることができます。
> ❶故人の出生から死亡までの戸籍謄本、❷法定相続人全員の戸籍謄本（❶とつながっているものから最新のものまで）、❸法定相続人の印鑑証明、❹法定相続人の住民票

4章

相続に関する手続き

4-1 相続とは

　相続とは、亡くなった方の財産を遺産として引き継ぐことをいいます。遺産は、不動産や預貯金、宝飾品などのように、資産としてプラスになるものだけとは限りません。例えば、住宅ローンや借入金、税金や公共料金の未払金などは、**マイナスの財産**として相続することになります（4-5参照）。

　相続放棄または限定承認（4-6参照）する場合は、相続開始を知った日から**3か月以内**に申述しなければならないため、すみやかに手続きを行う必要があります。

　なお、相続には、生前に財産を引き継ぐ生前贈与（→P141）もあります。

4-2 遺言書をさがす

　遺産相続ではまず、**遺言書があるかどうか**を調べます。遺言書の有無によって、その後の手続きが大きく変わる場合があります。

　遺言書の存在を故人から知らされていなくても、どこかに預けられている可能性がありますので、故人が行き来していた場所や入院先、利用施設などをくまなく探してみましょう。

　なお、遺言書には**自筆証書遺言・公正証書遺言・秘密証書遺言**などがあります。

公正証書遺言の場合は、証書を作成した公証役場に原本が保管されているので、遺言検索を申し出てみましょう。

自筆証書遺言

故人が手書きで残した遺言書を、自筆証書遺言といいます。正しい書式で書かれていれば、公正証書遺言と**同じ効力を発揮**します。自筆証書遺言は、正式な遺言書と認定するための検認（4-3参照）が必要です。検認には通常2～3か月を要しますので、遺言書執行までにある程度の時間を覚悟しておかなければなりません。

なお、2019年1月13日以降、相続財産目録（財産の一覧表）のみ代筆やパソコンでの作成が認められるようになります（すべてのページに署名・捺印が必要です）。

> ポイント！
>
> 自筆証書遺言は法的に解釈が定まらないため、記載内容によっては遺産分割協議（4-7参照）が必要となる場合もあります。
> また、2020年7月1日以降、法務局での自筆証書遺言の保管制度がスタートします。検認が不要になるなどのメリットがあるので、そちらを活用するのもいいでしょう。

公正証書遺言

遺言者本人が公証役場に出向き、公証人に作成してもらったものを公正証書遺言といいます。遺言書の中で、**最も確実なもの**といえます。本人に聴覚障がいや言語障がいがあったとしても、手話や筆談で作成してもらうことができます。

遺言書の作成には、費用がかかります。目的財産の価額によって手数料が変わるので、遺産として残された財産の額を事前に算出しておく必要があります（公正証書役場で相談にのってもらうことができます）。

> エンディングノートに書かれた遺志やメッセージは、法的効力を持ちません。遺言書として作成することで、残された家族の負担を減らすことができます

秘密証書遺言

秘密証書遺言は、自筆証書遺言と同じように、内容は本人が作成します。署名・捺印した後、封入・封緘。判子で封印したものを公証役場に持参し、承認してもらいます。内容を、本人以外の**誰にも知られることなく秘密にする**ことができます。

ただし、「手続きに立ち会った証人が遺言書の存在を相続人に伝えることが期待できる」「偽造・変造の心配がほとんどない」などのメリットがある一方で、「検認前に開封してしまうと無効になる」「公証人は存在を証明するだけで内容は確認しないため、遺言として要件を満たしていない可能性がある」というデメリットもあります。

check 主な遺言書の特徴

自筆証書遺言（故人が手書きで残したもの）

メリット
- 費用がかからない

デメリット
- 遺言として要件を満たさない可能性有

公正証書遺言（公証役場で作成されたもの）

メリット
- 最も確実
- 手話や筆談でも対応可

デメリット
- 費用がかかる

秘密証書遺言（公証役場で承認された手書きのもの）

メリット
- 内容を秘密にすることができる

デメリット
- 検認に時間がかかる

4-3 検認

　公正証書遺言以外の遺言書は、検認の手続きを行わなければなりません。検認により相続人は、検認の日現在の遺言書の内容（遺言書の形状、加筆・削除・訂正の状態、日付・署名など）を知ることができます。

　検認は、①家庭裁判所に遺言書を持参（検認の申立て）、②検認期日が指定される、③家庭裁判所に赴き検認を受ける（開封の立会い）、④検認済み証明書の交付を受ける、という流れで進みます。

　検認を行うことではじめて、相続に関するさまざまな手続きを進めることができるようになります。ただし、検認は偽造や変造を防止するための手続きであり、**遺言の内容が効力を持つか否かを判断するものではない**ため、注意が必要です。

いつまでに

- すみやかに

 どこへ

- 家庭裁判所（遺言者［故人］の最後の住所地）

 誰が

- 遺言書の保管者
- 遺言書を発見した相続人

何を持っていく

- 「家事審判申立書」「当事者目録」（→ P92、94）
- 遺言書（封書の場合は封をしたまま）
- 遺言者（故人）の出生から死亡までの戸籍
  ※改製原戸籍や戸籍・除籍謄本
- 相続人全員の戸籍謄本

※上記以外のものが必要となる場合があります
※遺言書1通につき収入印紙800円分の手数料と、連絡用の郵便切手が必要となります
※検認済証明書の交付を受ける際には、遺言書1通につき150円分の収入印紙と申立人の印鑑が必要となります

📝 家事審判申立書

受付印		家事審判申立書 事件名（ **遺言書の検認** ）
		（この欄に申立手数料として1件について800円分の収入印紙を貼ってください。）
		印紙 **印紙** （貼った印紙に押印しないでください。）
		（注意）登記手数料としての収入印紙を納付する場合は、登記手数料としての収入印紙は貼らずにそのまま提出してください。
収入印紙	円	
予納郵便切手	円	
予納収入印紙	円	

準口頭	関連事件番号 平成　年（家　）第　　　　　　　　号

徳島 家庭裁判所 御中 平成 **29** 年 **3** 月 **14** 日	申立人 （又は法定代理人など） の記名押印	**利部　哲也** ㊞

添付書類	（審理のために必要な場合は、追加書類の提出をお願いすることがあります。）

申立人

本籍 (国籍)	（戸籍の添付が必要とされていない申立の場合は、記入する必要はありません。） **徳島** 都 道 府 県 **徳島市栄町4丁目1番地**
住　所	〒 770 - 0000　　　　電話 088 (000) 0000 **徳島県徳島市栄町4丁目1番10号**　　　　　(　　　方)
連絡先	〒 　-　　　　　　　電話　　(　　) (　　　方)
フリガナ 氏　名	リ ベ　テツヤ **利部　哲也**	大正 **昭和** **44** 年 **6** 月 **9** 日生 平成 (**48** 歳)
職　業	**会社員**

※ 遺言者

本籍 (国籍)	（戸籍の添付が必要とされていない申立の場合は、記入する必要はありません。） **徳島** 都 道 府 県 **徳島市栄町3丁目5番地**
最後の住所	〒 770 - 0000　　　　電話 088 (000) 0000 **徳島県徳島市栄北10丁目2番4号**　　　　　(　　　方)
連絡先	〒 　-　　　　　　　電話　　(　　) (　　　方)
フリガナ 氏　名	リ ベ　ヒロシ **利部　博**	大正 **昭和** **24** 年 **11** 月 **18** 日生 平成 (**68** 歳)
職　業	

(注) 太枠の中だけ記入してください。
※の部分は、申立人、法定代理人、成年被後見人となるべき者、不在者、共同相続人、被相続人等の区別を記入してください。

別表第一 (1/)

申　立　て　の　趣　旨
遺言者の自筆証書による遺言の検認を認めます。

申　立　て　の　理　由
1　申立人は、遺言者から、平成26年3月17日に遺言書を預かり、申立人の自宅金庫に保管していました。
2　遺言者は、平成29年1月7日に死亡しましたので、遺言書（封印されている）の検認を認めます。
なお、相続人は別紙の相続人目録のとおりです。

別表第一（　/　）

出典：裁判所ウェブサイト

当事者目録

※ 相続人	本籍	徳島 ㊣都道府県 徳島市住吉5丁目2番地		
	住所	〒770－0000 徳島県徳島市住吉5丁目2番1号 リベラルマンション505号室 （　　　方）		
	フリガナ 氏名	リベ　ナオキ 利部　直樹	大正 ㊣昭和 平成	47年9月9日生 （　45歳）
※ 相続人	本籍	東京 ㊣都道府県 千代田区九段3丁目10番地		
	住所	〒102－0000 東京都千代田区九段3丁目10番1号 リベラルヒルズ1001号室 （　　　方）		
	フリガナ 氏名	コヤ　リエ 古屋　理恵	大正 ㊣昭和 平成	54年7月21日生 （　38歳）
※	本籍	都道府県		
	住所	〒　－ （　　　方）		
	フリガナ 氏名		大正 昭和 平成	年　月　日生 （　　歳）
※	本籍	都道府県		
	住所	〒　－ （　　　方）		
	フリガナ 氏名		大正 昭和 平成	年　月　日生 （　　歳）

(注) 太枠の中だけ記入してください。※の部分は、申立人、相手方、法定代理人、不在者、共同相続人、被相続人等の区別を記入してください

出典：裁判所ウェブサイト

こんなときは

改製原戸籍／戸籍／除籍

戸籍とは、親族関係を証明するものです。戸籍には、大きく次の3つがあります。

改製原戸籍（原戸籍）
紙で管理されていた時代の戸籍。「はらこせき」とも呼ばれる。

戸籍
コンピュータで管理されている現在の戸籍（未対応の自治体もある）。改製原戸籍からの情報は、一部しか引き継がれていない。戸籍に入っている人すべての情報が入っている「謄本」と、一部（1人）の情報しか入っていない「抄本」がある。
※戸籍謄本は「戸籍全部事項証明書」、戸籍抄本は「戸籍個人事項証明書」に名称が変わりました＊

除籍
死亡、本籍地変更、結婚・離婚などにより戸籍から外れること。また、戸籍にいた人が抜け、誰もいなくなった状態の戸籍も「除籍」と呼ぶ。
※除籍謄本は「除籍全部事項証明書」、除籍抄本は「除籍個人事項証明書」に名称が変わりました＊

＊本書では「戸籍謄本・抄本」「除籍謄本・抄本」と表記しています。

4-4 法定相続人の確認

　遺言書がない場合、相続は法律で決められた人（法定相続人）に対して、法律で決められた割合（法定相続分）で行われます。配偶者（妻や夫）は必ず相続人になりますが、それ以外は相続の優先順位が決められています。

　法定相続人を確認するためには、故人（被相続人）が**生まれてから亡くなるまでのすべての戸籍**（改製原戸籍や戸籍・除籍謄本）を取得して、調べる必要があります。本籍地を変更している場合は複数の市区町村で手続きを行います。

> **ポイント！**
> 次の手順で、出生時から死亡時まですべての戸籍を取得します。❶さかのぼれるところまで申請する、❷❶の戸籍の最も古い記載から、それ以前の本籍地を確認、❸何度も転籍（本籍を変更）している場合は、❷を繰り返す。

いつまでに

- すみやかに

 どこへ

- 市区町村窓口

※出生から死亡まですべての戸籍を取得します

 誰が

- 遺族 ● 推定相続人

※推定相続人とは、現状のまま相続が発生した場合にただちに相続人になる人のことです

 何を持っていく

- 「申請書」（地域によって異なる）
- 戸籍謄本など（申請者と故人の関係がわかるもの）
- 故人の住民票の除票（死亡の記載があるもの）
- 運転免許証など
  （申請者の身分が確認できるもの）

※遠方の場合は、郵送での請求も可能です
※戸籍謄本・抄本は1通あたり450円、改製原戸籍・除籍は1通あたり750円の手数料が必要となります

こんなときは

法定相続人と法定相続分

法定相続人とは、法律で決められた「相続人になることができる人」のことです。

相続には優先順位があります。配偶者は常に相続人となりますが、優先順位が下位の人は上位の人が存在しない（放棄しない）限り、相続人になることはできません。

常に相続人となる
- 配偶者（妻や夫）

場合によって相続人となる
- 第1順位：子
  亡くなっている場合は、孫もしくはひ孫が相続人となります（代襲相続）。実子・養子・嫡出子（婚姻関係にない男女の間に生まれた子）の区別はありません。
- 第2順位：直系尊属（父や母）
  亡くなっている場合は、祖父母が相続人となります。実親・養親の区別はありません。

> - 第3順位：兄弟姉妹
>   亡くなっている場合は、甥・姪が相続人となります（再代襲相続）。

配偶者のみ

配偶者　全部

配偶者＋子

配偶者　2分の1　　　　　2分の1 ※1　 子

配偶者＋直系尊属

配偶者　3分の2　　　　　3分の1 ※1　 直系尊属

配偶者＋兄弟姉妹

配偶者　4分の3　　　　　4分の1 ※2　 兄弟姉妹

※1：何人かいる場合は、頭数で割ります
※2：異母または異父の（半血）兄弟姉妹は、血が繋がっている（全血）兄弟姉妹の2分の1です

4-5 財産を調べる

　財産を相続するためには、財産の全容を把握する必要があります。ここでモレやミスがあるとトラブルに発展する可能性もあるので、確実に行う必要があります。

「財産」というと現金や土地などのイメージが強いですが、借金や未払いの税金などといったマイナスのものもあります。

　プラスとマイナス、両方の財産が存在する場合、プラスの財産だけを相続することはできません。マイナスの財産が多い場合、**限定承認**するか、**相続を放棄**することもできます（4-6 参照）。

check 相続の対象となるもの

プラスの財産
- 現金
- 預貯金
- 死亡退職金
- 生命保険金※
- 有価証券
  (株式など)
- 不動産
  (土地・家屋など)
- 貴金属　など

マイナスの財産
- 借金
- ローン
- 公租公課
  (未納の税金など)
- 未払いの年会費
- 買掛金
  (商売を営んでいる場合)　など

※受取人が指定されている保険金は、相続財産とはなりません

ポイント！

財産は、外部に保管されている可能性もあります。故人の自宅や部屋からその手がかりを探し出しますが、何気ないメモや小箱の中にヒントがある場合もあるので、破棄しないように注意しましょう。

不動産を調べる

　土地や建物などといった不動産は、自宅に保管されている登記識別情報（12桁の英数字が書かれた書類）や登記済権利証、固定資産税の納税通知書などから手がかりを見つけます。

　正確な情報を得るためには、各市区町村窓口で**名寄帳（なよせちょう）**を閲覧します（ただし、知ることができるのはその市区町村内の不動産のみです）。

　次に、その情報を持って法務局に行き、**登記事項証明書**（不動産の権利関係を確認することができる書類）を申請します。なお、インターネットで申請手続きを行うこともできます。

ポイント！

名寄帳を確認した際、併せて固定資産評価証明書の申請を行いましょう。これは、土地の評価額がわかるもので、財産の評価（→P106）や相続税・贈与税の申告の際に必要となります。

 いつまでに

- すみやかに

 どこへ

- 名寄帳の閲覧：市区町村窓口
- 登記事項証明書の申請：法務局

※インターネットでも手続を行うことができます

 誰が

- 相続人

 何を持っていく

- 申請書（「固定資産証明申請書」「市税証明請求書」など地域によって異なる）
- 運転免許証など
  （申請者の身分が確認できるもの）

※上記以外のものが必要となる場合があります
※手数料が必要となる場合があります

預貯金を調べる

　残されたカードや通帳などから金融機関の口座が故人にあることがわかった場合、残高を確認する必要があります。

　まず、口座名義人が亡くなったことを金融機関に連絡します。これにより口座が凍結され、入出金などができなくなります。ただし、死亡届の提出や新聞の訃報欄などにより、自動的に口座が凍結されることもあります（3-1 参照）。

　残高の確認は、金融機関に**残高証明書**を発行してもらうことで知ることができます。

いつまでに

- すみやかに

 どこへ

- 各金融機関

 誰が

- 相続人

 何を持っていく

- 各種書類（「残高証明依頼書」「相続確認表」など金融機関によって異なる）
- 戸籍謄本など（相続関係が証明できる書類）
- 相続人の実印・印鑑証明

※上記以外のものが必要となる場合があります
※手数料が必要となります

相続財産の評価方法

故人の財産をすべて把握・確認できたら、それらの価値を査定・評価します。自動車や宝石などの動産は市場価格で判断することが多いですが、不動産は複雑であるため、税理士や不動産鑑定士などの専門家に依頼するのが一般的です。

調べた内容は、一覧表（相続財産目録）にまとめます。決められた書式はなく、法律上の作成義務もありませんが、**手続きをスムーズに進める**ために準備することをおすすめします。

ポイント！

土地の評価には、路線価（国税庁の評価基準）や時価（査定によるもの）などがあります。路線価は時価の8割程度に設定されていますが、遺産分割協議（4-7 参照）を行う段階では、相続人同士の話し合いによって、どちらの評価を使用するかを決めます。

相続財産目録(例)

財 産 目 録

(土地)

番号	所　　在	地番	地目	面積(㎡)	備考
1	長野県長野市栄町7丁目	2番1	宅地	500:00	建物1の敷地

(建物)

番号	所　　在	家屋番号	種類	構造	床面積(㎡)	備考
1	所在：長野県長野市 栄町7丁目2番地1 建物の名称：リベラルパレス	家屋番号： 栄町2番1の 101 建物の名称： 101	居宅	軽量鉄骨造 2階建	1階部分 50:00	

(現金, 預貯金, 株券等)

番号	品　目	単位	数量(金額)	備考
1	現金		200,000円	申立人が保管
2	名古銀行 名古支店 普通(1234567)		4,500,000円	

出典(改変)：裁判所ウェブサイト

4-6 意思表示をする

　相続人は財産の相続について、意思表示をしなければなりません。相続形態には**単純承認・限定承認・相続放棄**があり、このうち1つを選びます。単純承認を選択する場合は、特に手続きは必要ありませんが、限定承認や相続放棄を選択する場合は、**相続開始を知ったときから3か月以内**に、家庭裁判所に申述しなければなりません。

ポイント！

「相続開始を知ったとき」とは、被相続人（故人）が亡くなったことを知った日のことを指します。申述は3か月を過ぎると自動的に単純承認を選択したものと見なされます。

単純承認	プラスの財産もマイナスの財産もすべての財産を相続する。
限定承認	プラスの財産の範囲内で、マイナスの財産を引き継ぐ。後から、プラスの財産以上のマイナスの財産が見つかる可能性がある場合などに有利。
相続放棄	あらゆる財産を一切相続しない。放棄した者の子に相続権が移る（代襲相続）ことはない。

いつまでに

- 相続開始を知ったときから3か月以内

 どこへ

- 家庭裁判所(故人の最後の住所地)

 誰が

- 相続人

 何を持っていく

- 「相続放棄申述書」または「相続の限定承認の申述書」(→P110)
- 被相続人(故人)の住民票の除票
  (死亡の記載があるもの)
- 被相続人(故人)の出生から死亡までの戸籍
  ※改製原戸籍や戸籍・除籍謄本
- 相続人の戸籍謄本

※上記以外のものが必要となる場合があります
※申述人1人につき収入印紙800円分の手数料と、連絡用の郵便切手が必要となります

相続放棄申述書

受付印		相 続 放 棄 申 述 書
		（この欄に収入印紙800円分を貼ってください。）
		印紙　印紙
収入印紙　　　円		
予納郵便切手　　円		（貼った印紙に押印しないでください。）

準口頭	関連事件番号 平成　　年（家　）第　　　　　　　　　号

秋田　　家庭裁判所 　　　　御中 平成 29 年 11 月 8 日	申述人 （未成年者など の場合は法定 代理人 の記名押印	利部 陽一　㊞

添付書類	（同じ書類は1通で足ります。審理のために必要な場合は、追加書類の提出をお願いすることがあります。） ☑ 戸籍（除籍・改製原戸籍）謄本（全部事項証明書）　合計 2 通 ☑ 被相続人の住民票除票又は戸籍附票 ☐

申述人	本籍 （国籍）	秋田 都・道・府・㊥ 秋田市栄町1丁目7番地		
	住所	〒010 - 0000　　　　　　　電話　018（000）0000 秋田県秋田市栄町1丁目7番7号　　　　　　　（　　方）		
	フリガナ 氏　名	リベ　ヨウイチ 利部 陽一	大正 昭和 39年6月11日 生 平成　（ 53 歳）	職業 会社員
	被相続人 との関係	※ 被相続人の…… ① 子　2 孫　3 配偶者　4 直系尊属（父母・祖父母） 　　　　　　 5 兄弟姉妹　6 おい めい　7 その他（　　）		

法定代理人等	1 親権者 2 後見人 3	住所	〒　-　　　　　電話 （　　方）
		フリガナ 氏　名	フリガナ 氏　名

被相続人	本籍 （国籍）	秋田 都・道・府・㊥ 秋田市住吉1丁目10番地	
	最後の 住　所	秋田県秋田市栄西3丁目3番5号 リベラル荘102号室	死亡当時 の 職 業　無職
	フリガナ 氏　名	リ ベ　ノボル 利部 昇	平成 29 年 9 月 1 日死亡

（注） 太枠の中だけ記入してください。　※の部分は、当てはまる番号を〇で囲み、被相続人との関係欄の7、法定代理人等欄の3を選んだ場合には、具体的に記入してください。

相続放棄 (1/2)

(942080)

申	述	の	趣	旨

相続の放棄をする。

申 述 の 理 由

※ 相続の開始を知った日……………平成 29 年 9 月 1 日
① 被相続人死亡の当日　　　3　先順位者の相続放棄を知った日
2　死亡の通知をうけた日　　　4　その他（　　　　　　　）

放棄の理由	相 続 財 産 の 概 略
1　被相続人から生前に贈与を受けている 2　生活が安定している。 3　遺産が少ない。 4　遺産を分散させたくない。 ⑤　債務超過のため。 6　その他	【資産】農　地……約 10 平方メートル　現　金　　　約 200 万円 　　　　　　　　　　　　　　　　　預貯金 　　　山　林……約　　平方メートル　有価証券……約　　万円 　　　宅　地……約　　平方メートル 　　　建　物……約　　平方メートル 【負債】　　　　　　　　　　約 600 万円

（注）　太枠の中だけ記入してください。※の部分は、当てはまる番号を○で囲み、申述の理由欄の4、放棄の理由欄の6を選んだ場合には、（　）内に具体的に記入してください。

相続放棄（2/2）

出典：裁判所ウェブサイト

> こんなときは

相続人に判断する能力がない場合

　相続人に未成年者が含まれるとき、「特別代理人」を選任しなければならない場合があります。特別代理人は、未成年者に代わって遺産分割協議を行います。特別代理人は、親権者などが家庭裁判所に申立てを行うことで決定されます。

　また、相続人が認知症・知的障がい・精神障がいなどで適切な判断能力が不十分である場合、「成年後見人」（判断能力の程度によっては保佐人・補助人）を選任し、遺産分割協議、預貯金の管理、医療や介護に関する契約や支払いなどさまざまな手続きを代行する必要があります。成年後見人は、配偶者（妻や夫）などが家庭裁判所に申立てを行うことで決定されます。

　なお、将来判断能力が不十分になった場合に備えて、事前に代理人（任意後見人）を選任する「任意後見制度」もあります。

4-7 遺産分割協議・遺産分割協議書の作成

遺産を相続するとき、遺言書がない場合は相続人全員で話し合い、分配方法を決めます。これを、**遺産分割協議**といいます。遺産分割協議は、相続人全員で行う必要があります。協議に参加しない相続人がいたり、後に相続人が出てきたりすると、無効になります。

遺産分割協議がまとまると、その内容を**遺産分割協議書**（→P114）として記載・作成する必要があります。決められた書式は特にありませんが、モレやミスがあると受け付けられない可能性もあります。

話し合いがつかない場合は、遺産分割調停を家庭裁判所に申し立てます（4-9参照）。

遺産分割協議書（例）

遺 産 分 割 協 議 書

被相続人　利部　秀雄（大正14年5月2日）
本　　籍　宮城県仙台市青葉区栄町5丁目10番地

　平成29年8月8日、上記被相続人の死亡により開始した遺産相続について、相続人（妻：利部文子、長男：利部功）である2名で遺産分割協議を行い、次のとおり遺産を分配、取得することに合意した。

1．利部文子は、次の遺産を相続する。
【土　地】所　在　宮城県仙台市住吉5丁目
　　　　　地　番　10番5
　　　　　地　目　宅地
　　　　　地　積　100.00㎡

2．利部功は、次の遺産を相続する。
【現　金】¥3,000,000円
【預貯金】名古銀行　名古支店
　　　　　普通預金　口座番号1234567
　　　　　¥10,000,000円

3.本協議書に記載のない財産については、利部功がこれを取得する。

　以上のとおり、相続人全員による遺産分割協議が成立したため、本協議書を2通作成し、署名・捺印のうえ、各自1通ずつ所持する。

　　　　　　　　　　　　　　　　　　　　　　　　　　平成29年12月1日

【相続人】
住　　所　宮城県仙台市青葉区栄町5丁目10番地
生年月日　大正14年2月19日
氏　　名　利部　文子　㊞

住　　所　青森県弘前市山田2丁目4番8号
生年月日　大正42年10月25日
氏　　名　利部　功　㊞

> 2ページ以上になる場合は、契印が必要です（実印）

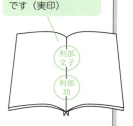

利部文子　利部功

> 実印を押します

4-8 遺産の分割方法

　遺産の分割方法には、主に**現物分割・代償分割・換価分割**の3つがあります。原則として現物分割で行われますが、状況に応じてさまざまな方法を組み合わせます。

現物分割
「土地は妻に」「預金は長男・次男に」など、遺産を**そのままの形で分ける**方法です。シンプルでわかりやすいというメリットがありますが、遺産それぞれの価格に差があるため、公平または相続分どおりに分けることは難しいというデメリットがあります。

（代償分割）「妻が土地を相続する代わりに、長男・次男に100万円を支払う」など、一定の相続人が遺産を取得し、その他の相続人に**お金（代償金）を支払う**方法です。公平ですが、まとまったお金を用意する能力があることが前提となります。

（換価分割）「土地を売り、妻に200万円、長男・次男に100万円」など、**遺産を売却して得たお金を分ける**方法です。公平ですが、手数料や税金が発生したり、思いどおりの金額で売却できない可能性があります。

なお、故人（被相続人）の事業を手伝ったり生活費の援助をしていた場合などに、相続分を増額する**寄与分**、故人から生前に財産の一部を受け取っていたと見なされる場合などに、その分を考慮して減額する**特別受益**という制度もあります。

> こんなときは

遺言に左右されない権利

　故人（被相続人）は、遺言を残すことによって財産を自分の意思どおりに分けることができる一方で、兄弟姉妹以外の法定相続人には、遺言に左右されずに相続することができる最低限の割合が法律で決められています。これを「遺留分」といいます。

　遺留分が正当に確保されていない場合は、「遺留分減殺請求」をすることができます。これまでは現物での返還のみでしたが、2019年7月1日以降は、金銭での支払いを請求できるようになります（遺留分の金銭債権化）。遺留分減殺請求は非常に複雑であるため、弁護士などの専門家に依頼することをおすすめします。

　なお、遺留分は家庭裁判所に申し立てることで放棄することもできますが、放棄しても他の相続人の遺留分が増えるわけではないため、注意が必要です。

4-9 話がまとまらなかった場合

　遺産分割協議で全員の合意が得られず、話し合いがつかなかった場合、**遺産分割調停**を家庭裁判所に申し立てることができます。1名の裁判官と民間から選出された2名の調停委員が、事情や希望を聴いたり、資料を精査したりした上で解決案を示すなどして、円満解決のために話し合いを行います。

　合意が得られなかった場合は、自動的に**遺産分割審判**に移行し、裁判官が判断を下します。

ポイント！

平成27年の司法統計によると、解決するまでに半年から1年、5回の調停が必要となることが多いというデータが出ています。

いつまでに

- すみやかに

 どこへ

- 相手方のうちの1人の住所地を管轄する家庭裁判所

 誰が

- 相続人など

 何を持っていく

- 申立書（「遺産分割調停申立書」「当事者等目録」「遺産目録」など）（→ P120、121、122）
- 被相続人（故人）の出生から死亡までの戸籍
  ※改製原戸籍や戸籍・除籍謄本
- 相続人全員の戸籍謄本・住民票
- 遺産に関する証明書
  （不動産の登記事項証明書や固定資産評価証明書など）

※状況に応じて、上記以外のものが必要となります
※収入印紙1200円分の手数料と、連絡用の郵便切手が必要となります

遺産分割調停申立書

この申立書の写しは、法律の定めるところにより、申立ての内容を知らせるため、相手方に送付されます。	

受付印

遺産分割　☑ 調停　／ □ 審判　申立書

（この欄に申立て1件あたり収入印紙1,200円分を貼ってください。）

印紙　印紙

（貼った印紙に押印しないでください。）

収入印紙	円
予納郵便切手	円

鹿児島 家庭裁判所 御中 平成29年4月30日	申立人（又は法定代理人など）の記名押印	利部　美香　㊞

添付書類

（審理のために必要な場合は、追加書類の提出をお願いすることがあります。）
- ☑ 戸籍（除籍・改製原戸籍）謄本（全部事項証明書）合計 1 通
- □ 住民票又は戸籍附票 合計　通
- □ 不動産登記事項証明書 合計　通
- ☑ 固定資産評価証明書 合計 1 通
- ☑ 預貯金通帳写し又は残高証明書 合計 1 通
- □ 有価証券写し 合計　通

準口頭

当事者　別紙当事者目録記載のとおり

被相続人	本　籍（国　籍）	鹿児島 都道府⊙県 鹿児島市栄町10丁目5番地
	最後の住　所	鹿児島 都道府⊙県 鹿児島市栄町10丁目5番2号
	フリガナ氏　名	コヤ　イサオ 古屋　勇　　平成29年2月10日死亡

申　立　て　の　趣　旨

被相続人の遺産の分割の（ ☑ 調停 ／ □ 審判 ）を求める。

申　立　て　の　理　由

遺産の種類及び内容	別紙遺産目録記載のとおり
被相続人の債務	□ 有 ／ □ 無 ／ ☑ 不明
☆ 特別受益	☑ 有 ／ □ 無 ／ □ 不明
遺　言	□ 有 ／ ☑ 無 ／ □ 不明
遺産分割協議書	□ 有 ／ ☑ 無 ／ □ 不明
申立ての動機	☑ 分割の方法が決まらない。 □ 相続人の資格に争いがある。 □ 遺産の範囲に争いがある。 □ その他（　　　　　　　　　　　　　）

(注) 太枠の中だけ記入してください。
□の部分は該当するものにチェックしてください。
☆の部分は、被相続人から生前に贈与を受けている等特別な利益を受けている者の有無を選択してください。「有」を選択した場合には、遺産目録のほかに、特別受益目録を作成の上、別紙として添付してください。

遺産 (1/)

(942100)

出典：裁判所ウェブサイト

📝 当事者等目録

<u>この申立書の写しは、法律の定めるところにより、申立ての内容を知らせるため、相手方に送付されます。</u>

当 事 者 目 録

☑□ 申立人 相手方	本籍(国籍)	鹿児島 都道府⑨ 鹿児島市栄町10丁目5番地		
	住所	〒890-0000 鹿児島県鹿児島市栄町10丁目5番2号(方)		
	フリガナ 氏名	リベ ミカ 利部 美香	大正 昭和 平成	53年 6月 6日生 (39 歳)
	被相続人との続柄	長女		

□☑ 申立人 相手方	本籍(国籍)	鹿児島 都道府⑨ 鹿児島市栄町10丁目5番地		
	住所	〒890-0000 鹿児島県鹿児島市栄町10丁目5番2号(方)		
	フリガナ 氏名	コヤ セツコ 古屋 節子	大正 昭和 平成	32年 4月26日生 (60 歳)
	被相続人との続柄	妻		

□☑ 申立人 相手方	本籍(国籍)	京都 都道⑨県 京都市伏見区住吉2丁目1番地		
	住所	〒612-0000 京都府京都市伏見区住吉2丁目1番1号(方)		
	フリガナ 氏名	アイチ ユカ 愛知 由香	大正 昭和 平成	57年11月 4日生 (35 歳)
	被相続人との続柄	次女		

□□ 申立人 相手方	本籍(国籍)	都道府県		
	住所	〒 - (方)		
	フリガナ 氏名		大正 昭和 平成	年 月 日生 (歳)
	被相続人との続柄			

□□ 申立人 相手方	本籍(国籍)	都道府県		
	住所	〒 - (方)		
	フリガナ 氏名		大正 昭和 平成	年 月 日生 (歳)
	被相続人との続柄			

(注) □の部分は該当するものにチェックしてください。

遺産(/)

(942102)

出典:裁判所ウェブサイト

遺産目録(土地・建物)

遺 産 目 録 (□特別受益目録)

【土地】

番号	所 在	地 番	地目	地 積 (平方メートル)		備 考
1	鹿児島県鹿児島市栄町6丁目	3番1	宅地	100	00	建物1の敷地
2	鹿児島県鹿児島市山田1223		畑	500	00	

> 遺産のすべてを記入します

遺 産 目 録 (□特別受益目録)

【建物】

番号	所 在	家屋番号	種類	構造	床面積 (平方メートル)		備考
1	所在:鹿児島県鹿児島市栄町6丁目3番地1 建物の名称:リベラルアパート	家屋番号栄町3番1の101 建物の名称:101	居宅	木造スレート葺2階建	1階部分 50	00	

出典:裁判所ウェブサイト

> こんなときは

困ったことになる前に

　相続の手続きは、お互いの思惑や利害が交錯する場面でもあります。当事者が近親者ということもあり、こじれると後々トラブルになったり、遺恨を残すことになり兼ねません。また、当事者だけでは処理しきれず、不利益を被る場合もあります。

　対応が難しいと感じた場合は、迷わず専門家に依頼しましょう。すべてのことに通じている専門家は少ないため、例えば遺産分割協議書などの作成は行政書士、調停や裁判所への手続きなどは弁護士というように、目的に応じて依頼することもできます。

　専門家はインターネットなどで簡単に探すことができますが、費用や相性の問題もあるので、比較しながら検討しましょう。

4-10 相続後にすべきこと

話し合いがまとまり遺産相続が決定すると、さまざまな手続きを行わなければなりません。

不動産を相続した場合

不動産を相続した場合、名義変更をする（相続登記）必要があります。不動産の所在地を管轄する法務局に「登記申請書」と必要書類を提出することで手続きを行いますが、**非常に複雑**であるため、司法書士などの専門家に依頼するのが一般的です。

ポイント！　換価分割（4-8参照）などで不動産を売却する場合や不動産を担保にお金を借りる場合も、名義変更手続きを先に行う必要があります。

いつまでに

- すみやかに

※3か月経過後でも可

 どこへ

- 不動産の所在地を管轄する法務局

 誰が

- 相続人など

※専門家に依頼する場合は、委任状が必要となります

 何を持っていく

- 「登記申請書」
- 相続人全員の住民票・戸籍謄本・印鑑証明
- 被相続人(故人)の出生から死亡までの戸籍

  ※改製原戸籍や戸籍・除籍謄本
- 相続関係説明図(→P126)
- 固定資産評価証明書
- 登録免許税(印紙)

※上記以外のものが必要となる場合があります

預貯金・保険金を相続した場合

　預貯金を相続した場合、金融機関が指定する書類に相続人全員が署名・捺印することで口座の凍結が解除されます。

　保険金や入院給付金は、**受取人が指定されている**場合、相続の対象にはなりません（→ P101）。ただし、故人が受取人となっている場合は相続財産となりますので、保険会社の指定する書類に必要事項を記入し、手続きを行う必要があります。

> 相続関係説明図とは、故人（被相続人）とすべての相続人の関係を図で示したものです。不動産の名義変更（相続登記）などの際にこの図を添付すると、併せて提出した故人や相続人の戸籍謄本を返却してもらえるので、お金と時間をかけて改めて取得する必要がなくなります。作成は、行政書士・司法書士・弁護士などの専門家に依頼しましょう

いつまでに

- **すみやかに**

※3か月経過後でも可

 どこへ

- **各金融機関または保険会社**

 誰が

- **相続人**

 何を持っていく

- **各種書類（金融機関・保険会社によって異なる）**
- **故人の通帳または保険の契約書**
- **故人の出生から死亡までの戸籍**

    ※改製原戸籍や戸籍・除籍謄本

- **相続人（払戻を受ける方）の実印・銀行印**
- **遺言書／検認済証明書**

    ※遺言で相続が決まった場合

- **遺産分割協議書／相続人全員の印鑑証明**

    ※遺産分割協議で相続が決まった場合

※上記以外のものが必要となる場合があります

自動車の相続手続き

自動車を相続した場合、まず車検証を確認します。

所有者がリース会社などの場合

ローンが残っている場合は、残債の支払いについてリース会社などに相談します。リース会社に引き取ってもらうことで残債が残ったとしても、マイナスの財産として相続の対象となります。ローンが残っていない場合は、リース会社が指定する方法で所有権解除の手続きを行います。

所有者が故人の場合

必要書類を用意のうえ、普通自動車の場合は**陸運局**、軽自動車の場合は**軽自動車検査協会**で名義変更の手続きを行います。

任意で加入している自動車保険がある場合、名義変更・解約手続きを併せて行いましょう。

こんなときは

原付・バイクの相続手続き

　原付やバイクを相続する場合、一旦廃車の手続きを行った上で名義変更をします。必要書類・ナンバープレート・身分証明証・印鑑など（排気量によって異なります）を持参のうえ、陸運局または市区町村窓口で手続きを行います。

故人名義の自動車を廃車にする場合でも、遺産分割協議などの相続の手続きを経る必要があります

いつまでに

- **すみやかに**

※3か月経過後でも可

 どこへ

普通自動車
- 管轄の陸運局

軽自動車
- 管轄の軽自動車検査協会

 誰が

- 相続人

住民票の除票とは、死亡したことや、他の市区町村に引越をしたことが記載された書類です。死亡した地域(引越前)の市区町村窓口で取得することができます

 何を持っていく

普通自動車
- 「自動車検査証記入申請書」(→P132)
- 車検証
- 車庫証明書
- 戸籍謄本(死亡の事実および相続人全員が確認できるもの)
- 相続人全員(新所有者を含む)の印鑑証明・実印／相続人全員(新所有者以外)の譲渡証明書(実印を押印したもの)
  ※相続人全員(新所有者を含む)が手続きを行う場合
- 遺産分割協議書／印鑑証明／実印
  ※遺産分割協議により、相続人の代表(新所有者)が手続きを行う場合

軽自動車
- 「自動車検査証記入申請書」「軽自動車税申告書」
- 車検証
- 相続人(新所有者)の住民票または印鑑証明
- 印鑑(朱肉を使用するもの)

※上記以外のものが必要となる場合があります
※普通自動車は手数料が必要となります

自動車検査証記入申請書（第1号様式）

申請人
(新所有者・現所有者) 利部　美智子
氏名又は名称

住所　山口市栄町1丁目1番10号

(使用者) 氏名又は名称　同上

(旧所有者) 氏名又は名称　利部　豊
住所　山口市栄町1丁目1番10号

自動車登録関係コード検索システムというウェブサイトで調べることができます

□ 自動車予備検査証記入	□ 所有者変更記録	申請書	第 **1** 号様式
□ 自動車登録番号標交付			

⑦有効期間 ⑨出張 ⑩備考欄 ⑪処理 ⑮例外 ⑰制限解除 ⑲NOx・PM ㉑証明書指示

使用の本拠の位置　山口市栄町1丁目1番10号

登録の原因とその日付　**相続**　平成 **29** 年 **7** 月 **24** 日

自動車登録番号標交付の理由

運輸支局長殿
運輸監理部長
平成　年　月　日

4 相続に関する手続き

出典：国土交通省

有価証券を相続した場合

　株式や債券などの有価証券を相続した場合、証券会社に連絡をします。手続きに必要な書類が送られてくるので、必要事項を記入し返送します。なお、相続人名義の口座を持っていない場合は、開設する必要があります。売却する場合は、名義変更手続きを先に行う必要があります。

　国債の場合、国債を購入した金融機関に連絡をします。国債は、1万円から1万円単位で相続人の口座へ移管させることができますが、**満期前に換金**することもできます。

ポイント！

満期前に換金した場合は、中途換金調整額（直前2回分の各利子［税引前］相当額×0.79685／国債10年ものを第3期利子支払日以降に換金する場合の例）が差し引かれます。

いつまでに

- **すみやかに**

  ※3か月経過後でも可

 どこへ

- **取引のある証券会社または金融機関**

 誰が

- **相続人**

 何を持っていく

- **各種書類**

  （証券会社や金融機関から指定されたもの）
- **故人の出生から死亡までの戸籍**

  ※改製原戸籍や戸籍・除籍謄本
- **遺言書／検認済証明書**

  ※遺言で相続が決まった場合
- **遺産分割協議書／**

  相続人全員の住民票・戸籍謄本・印鑑証明

  ※遺産分割協議で相続が決まった場合

※上記以外のものが必要となる場合があります

4-11 相続後の手続き（税金関係）

　相続した財産の額が一定（基礎控除額）以上の場合、相続税を納付する必要があります。基礎控除額は、「3000万円＋（600万円×法定相続人の数）」で計算することができます。

　法定相続人には、相続放棄した人も含まれます。また、養子は、故人に実子がいる場合は1人、いない場合は2人まで認められています。

　相続税は、相続開始を知った日の翌日から**10か月以内**に、所轄の税務署に申告のうえ納税します。相続税の計算は個人でもできますが、複雑であるため、税理士などの専門家に依頼することをおすすめします。

相続税の課税対象となるかどうかの判断がつきにくいもの

相続税がかからないもの

- 相続人が受け取った死亡退職金
- 受取人が指定されている保険金
- 遺言書による寄付金
- 未支給年金
- 遺族年金
- 生前に購入したお墓や仏壇　など

相続税がかかるもの

- 故人（被相続人）に支給されるべきであった退職手当金など
- 故人が受取人に指定されている入院給付金
- 相続人による寄付金
- 相続開始前3年以内に贈与された財産　など

相続税の申告

相続税は、税務署から納税通知などが届くことはありませんので、忘れずに申告する必要があります。たとえ税額が0円であっても、配偶者控除などの**軽減処置を受ける**場合には、相続税の申告を行わなければなりません。

期限の10か月以内に申告をしなかった場合には、加算税が発生します。納付期限までに税を納付しなかった場合は延滞税が発生するので、注意が必要です。

故人の財産には相続税がかかりますが、故人の死亡後に受け取るものの中には、相続税の課税対象となるかどうかの判断がつきにくいものや、遺産総額から控除されるものがありますので、注意しましょう

いつまでに

- 被相続人（故人）の死亡を知った日の翌日から10か月以内

 どこへ

- 管轄の税務署（被相続人［故人］の住所地）

 誰が

- 相続人

 何を持っていく

- 各種書類（「相続税の申告書」など）（→ P140）
- 故人の戸籍謄本
  （すべての相続人を明らかにするもの）
- マイナンバーカード（個人番号カード）
- 遺言書／検認済証明書
  ※遺言で相続が決まった場合
- 遺産分割協議書／相続人全員の印鑑証明
  ※遺産分割協議で相続が決まった場合

※上記以外のものが必要となる場合があります

相続税の申告書

専門家に依頼することを
おすすめします

出典：国税庁

> こんなときは

生前贈与のメリットとデメリット

　生前贈与とは、生きているうちに財産の一部を贈与することです。生前贈与を行うことで、相続時にかかる相続税の負担を軽減することができます。贈与税の計算には、2つの方法があります。

暦年課税

年間110万円以内であれば、非課税となるものです。なお、110万円というのは、受ける側の金額であり、贈与する側の金額ではありません。贈与から3年以内に贈与する側が亡くなった場合、その財産は相続税の課税対象となるので注意が必要です（→ P137）。

相続時精算課税

生涯2500万円以内であれば非課税となるものです（一定の条件があります）。ただし、贈与する側が亡くなった場合にその財産が相続の対象となる、暦年課税を選択できなくなるというデメリットもあります。

※必要なときに都度贈与される生活費や教育費は、非課税となります

4-12 配偶者居住権制度

　民法(相続法)の改正により、配偶者居住権が新設されます(2020年4月1日以降の適用となります)。

　配偶者居住権とは、配偶者(妻や夫)が被相続人(故人)の所有する住宅に、相続が開始した(被相続人が死亡した)後も、その住宅の新たな所有者に対して**賃料などを支払うことなく**住み続けることを認める権利です。

　これにより、配偶者は自宅での生活を続けることができます。また、その他の財産(預貯金など)を現行制度下よりも多く受け取ることができる配偶者居住権の価値評価の制度も導入されます。

5章

こんなときには？

5-1 さまざまな制度を利用する

　大切な家族を亡くしたときに、知っておくと助かるさまざまな制度があります。これらは**申請してはじめて恩恵を受けられる**ものなので、覚えておきましょう。なお、相続が発生する場合は、相続人が申請する必要があるものもありますので、注意しましょう。

葬祭費

　葬儀を行った喪主に、葬祭費が支給されます。ただし、故人が国民健康保険や後期高齢者医療制度に加入していることが条件となります。金額は地域によって異なりますが、数万円程度です。

ポイント！

> 葬祭費は、相続税の課税対象にはなりません。遺産総額から控除することができます。

いつまでに

- 2年以内(葬儀を行った日を含まない)

 どこへ

- 市区町村窓口(故人の住所地)

 誰が

- 喪主

📄 何を持っていく

- 申請書(「国民健康保険葬祭費支給申請書」「後期高齢者医療葬祭費支給申請書」など)
 (→ P43)
- 葬儀にかかった費用の領収書や会葬礼状など
- 故人の健康保険証
- 運転免許証など(申請者の身分が確認できるもの)
- 金融機関の通帳など(コピーでも可)
- 印鑑(朱肉を使用するもの)

埋葬費・埋葬料

埋葬を行った方に、埋葬費が支給されます。ただし、健康保険に加入している故人により**生計を維持されていた**（例：故人の収入で暮らしていたなど）ことが条件となります。金額は５万円です。

故人が独身などで申請できる方がいない場合は、埋葬を実際に行った方に、かかった費用（上限５万円）が支払われます。

なお、退職などにより資格を喪失していても、資格喪失から３か月以内であれば申請することができます。

ポイント！

自身が健康保険に加入しており、被扶養者（家族）が亡くなった場合も、家族埋葬料として５万円が支払われます。また、埋葬費（料）は、遺産総額から控除することができます。

いつまでに

- 2年以内（埋葬を行った日を含まない）

どこへ

- 故人のお勤め先
- 各協会けんぽ／健康保険組合

誰が

- 埋葬を行った方

何を持っていく

- 申請書（「健康保険埋葬料（費）支給申請書」など）
- 埋葬にかかった費用の領収書
  ※霊前供物代や僧侶への謝礼なども対象となります
- 死亡診断書のコピー
- 住民票など（生計維持を確認できるもの）

※状況や加入先によって異なりますので、お問い合わせください

遺族補償年金

　仕事中に事故で亡くなった場合は、**遺族補償年金**（通勤中に亡くなった場合は「遺族年金」）が労災保険から遺族に支給されます。

　給付を受けるには、死亡した労働者（故人）と生計を同じくしていたことが前提となり、妻以外は年齢や障害の要件を満たしている必要があります。受給権者がいない場合は、**遺族補償一時金**（通勤中に亡くなった場合は「遺族一時金」）が支給されます。

　また、受給権者には、一時金として**遺族特別支給金**、遺族の数に応じた**遺族特別年金**が併せて支給されます。なお、労働者（故人）の葬儀を行なった方（社葬の場合はお勤め先）には、**葬祭費**が支給されます。

いつまでに

- 5年以内（亡くなった日を含まない）

 どこへ

- 労働局／労働基準監督署／公共職業安定所

 誰が

- 受給権者

何を持っていく

- 支給申請書（支給請求書）
- 死亡届の写し（→ P80）、戸籍謄本など

※上記以外のものが必要となる場合があります

ポイント！ お勤め先によっては、死亡退職金の支給がある場合がありますので、確認しましょう。また、海外出張先での事故は、労災保険が適用とならないケースがありますが、海外旅行保険（死亡保険）に入っていた場合は、そちらから給付を受けることができます。

児童扶養手当

　両親のどちらかが亡くなり、かつ 18 歳未満（または中度以上の障害がある場合は 20 歳未満）の子どもがいる場合、児童扶養手当が支給されます。所得制限などの要件があり、子どもの人数によって支給額が変わります。

　なお、毎年 8 月に「現況届」を提出する必要があります。

支給額は、前年の全国消費者物価指数に応じて変更されます

いつまでに

- すみやかに

 どこへ

- 市区町村窓口

 誰が

- 父／母／父または母に代わって児童を養育する方

何を持っていく

- 戸籍謄本（請求者と対象児童）
- 所得証明書
- 住民票（世帯全員）
- 運転免許証など（請求者の身分が確認できるもの）
- マイナンバーがわかるもの（請求者と対象児童）
- 金融機関の通帳など
- 印鑑（朱肉を使用するもの）

※地域や状況によって異なります

高額療養費の払い戻し

　健康保険・国民健康保険・後期高齢者医療制度の加入者が支払った医療費の自己負担額が高額になった場合、**一部払い戻し**を受けることができます。ただし、入院中の食事代や差額ベッド代(基本以外の部屋を選択した場合に払う費用)などは対象になりません。

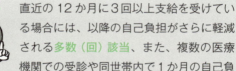

直近の12か月に3回以上支給を受けている場合には、以降の自己負担がさらに軽減される多数(回)該当、また、複数の医療機関での受診や同世帯内で1か月の自己負担額を合算できる世帯合算というしくみもあります。

いつまでに

- 2年以内（診療月を含まない）

 どこへ

国民健康保険や後期高齢者医療制度
- 市区町村窓口など

健康保険
- 各協会けんぽ／健康保険組合

 誰が

- 相続人

 何を持っていく

- 「高額療養費支給申請書」
- 病院に支払った費用の領収書など
- 戸籍謄本など（故人と申請者の関係がわかるもの）
- 故人の保険証
- 金融機関の通帳（コピーでも可）
- 印鑑（朱肉を使用するもの）

※上記以外のものが必要となる場合があります

医療費控除

　故人が亡くなるときまでに支払ったその年の医療費が高額になった場合、準確定申告時に、一定の金額の**所得控除**を受けることができます。年間で10万円を超える場合、故人の所得の5％(所得が200万円未満の場合)を超える場合が対象となります。

ポイント！

平成29（2017）年1月から、定期健康診断を受けている方などを対象に、市販薬に関する医療費控除の特例セルフメディケーション税制が新設されました（平成33[2021]年12月31日まで）。医療用医薬品のうち、市販薬にスイッチされたもの（スイッチOTC医薬品）が対象となります。厚生労働省のホームページで、対象商品名を確認することができます。

準確定申告とは、亡くなった方の所得税の確定申告です。1月1日から死亡した日までの所得に応じて、相続の開始があったことを知った日の翌日から4か月以内に申告・納税する必要があります

いつまでに

- 5年以内（医療費を支払った年を含まない）

どこへ

- 税務署

誰が

- 相続人

※準確定申告時に行います

何を持っていく

- 「確定申告書」または「準確定申告書」
- 病院などに支払った費用の領収書など
- 源泉徴収票（原本）
- 印鑑（朱肉を使用するもの）

5-2 こんなときには

▌名字を旧姓に戻したい

　配偶者（夫）が亡くなった場合、名字を旧姓に戻ることができます。旧姓に戻る場合は、市区町村窓口に「復氏届」の提出が必要となります。

　復氏届を提出すると、配偶者の戸籍から抜けて結婚前の戸籍に戻ることになります。なお、故人との**姻族関係は継続される**ため、扶養や養育などの義務と権利もそのまま継続することになります（→P161）。

ポイント！

復氏届では、本人の子どもの戸籍や名字は変わりません。新しい戸籍に入れる場合は、管轄の家庭裁判所に「子の氏の変更許可申立書」（→P159）を提出します。許可が下りたら、市区町村窓口に「入籍届」を提出します。

いつまでに

- 期限なし

※故人が外国人の場合は、亡くなった日の翌日から3か月以内に行わないと、家庭裁判所の許可が必要となります

 どこへ

- 市区町村窓口（本人の本籍地または居住地）

 誰が

- 本人（残された配偶者）

 何を持っていく

- 「復氏届」（→P158）
- 婚姻前の戸籍謄本
- 印鑑（朱肉を使用するもの）

※本籍地以外に届け出る場合は、戸籍謄本が必要となります

※上記以外のものが必要となる場合があります

📝 復氏届

復 氏 届	受理 平成　年　月　日 第　　号	発送 平成　年　月　日 長　印
平成29年10月5日 届出	送付 平成　年　月　日 第　　号	
北海道北見市長　殿	書類調査　戸籍記載　記載調査　附　票　住　民　票　通　知	

（よみかた） 復氏する人の氏名	氏　りべ　　名　じゅんこ 利部　純子	昭和45年 2月 7日生
住　所 （住民登録をしているところ）	北海道北見市栄町6丁目12 番地／番　号	
	（よみかた）　りべ　じゅんこ 世帯主の氏名　利部 純子	
本　籍	北海道北見市住吉1丁目10 番地／番 筆頭者の氏名　利部 学	
（よみかた） 復する氏 父母の氏名 父母との続き柄	氏　こや 古屋	父　古屋 一 母　　　　啓子　続き柄 □男 長 ☑女
	☑もとの戸籍にもどる　□新しい戸籍をつくる	
復氏した後の本　籍	東京都目黒区山田4丁目1 番地／番　筆頭者の氏名　古屋 一	
死亡した配偶者	氏名　利部 学　平成29年 4月 4日死亡	
そ の 他		
届出人署名押印	利部 純子　㊞	

連絡先	電話 0157-00-0000 番 自宅・勤務先・呼出　　方

出典：北見市

子の氏の変更許可申立書（15歳以上）

	受付印	子 の 氏 の 変 更 許 可 申 立 書
		（この欄に申立人1人について収入印紙800円分を貼ってください。）
		印紙　　印紙
収 入 印 紙	円	
予納郵便切手	円	（貼った印紙に押印しないでください。）

準口頭	関連事件番号　平成　　年（家　　）第　　　　　　　　号

那覇　家庭裁判所　御中 平成 29 年 12 月 11 日	申立人 （15歳未満の場合は法定代理人） の記名押印	愛知　優奈　㊞

添付書類	（同じ書類は1通で足ります。審理のために必要な場合は、追加書類の提出をお願いすることがあります。） ☑ 申立人（子）の戸籍謄本（全部事項証明書）　　☑ 父・母の戸籍謄本（全部事項証明書） ☐

申立人（子）

本 籍	沖縄　都道府県　那覇市栄町1丁目6番地
住 所	〒 900 － 0000　　電話 098（000）0000 沖縄県那覇市栄町1丁目6番5号　　　（　　　　　方）
フリガナ 氏　名	アイチ　ユウナ 愛知　優奈
生年月日	昭和・平成 5 年 6 月 2 日生（24 歳）

本籍住所	※ 上記申立人と同じ
フリガナ 氏　名	
生年月日	昭和・平成　年　月　日生（　　歳）

本籍住所	※ 上記申立人と同じ
フリガナ 氏　名	
生年月日	昭和・平成　年　月　日生（　　歳）

☆ 法定代理人（父後見・母）

本 籍	都道府県
住 所	〒　－　　　電話　（　　） （　　　　　方）
フリガナ 氏　名		フリガナ 氏　名	

（注）太枠の中だけ記入してください。※の部分は、各申立人の本籍及び住所が異なる場合はそれぞれ記入してください。☆の部分は、申立人が15歳未満の場合に記入してください。

子の氏 (1/2)

(942010)

出典：裁判所ウェブサイト

申　立　て　の　趣　旨

※
申立人の氏（ **愛知** ）を　①　母　　の氏（ **古屋** ）に変更することの許可を求める。
　　　　　　　　　　　2　父
　　　　　　　　　　　3　父母

(注)　※の部分は、当てはまる番号を○で囲み、（　）内に具体的に記入してください。

申　立　て　の　理　由

父・母と氏を異にする理由

※
① 父　母　の　離　婚　　　　5　父　の　認　知
2 父・母　の　婚　姻　　　　6　父(母)死亡後、母(父)の復氏
3 父・母　の　養子縁組　　　7　その他（　　　　　　　　　　　）
4 父・母　の　養子離縁
　　　　　　　　　　（その年月日　平成 **29** 年 **11** 月 **1** 日）

申　立　て　の　動　機

※
① 母との同居生活上の支障　　5　結　　　　婚
2 父との同居生活上の支障　　6　その他
3 入　園　・　入　学
4 就　　　　職

(注)　太枠の中だけ記入してください。　※の部分は、当てはまる番号を○で囲み、父・母と氏を異にする
　　理由の7、申立ての動機の6を選んだ場合には、（　）内に具体的に記入してください。

子の氏 (2/2)

出典：裁判所ウェブサイト

姻族関係を終了したい

配偶者（妻や夫）が死亡すると、婚姻関係は終了します。ただし、配偶者の親族との**姻族関係は継続**されるため、市区町村窓口に「姻族関係終了届」を提出することで、解消することができます。したがって、故人の両親などの扶養義務から解放されます。故人の親族の了解・了承を得る必要はありません。

なお、配偶者との親族関係は解消されないため、相続に影響することはありません。

姻族とは、義理の父母や兄弟のことです。法律用語なので、実生活では親族と同じ意味と考えてよいでしょう。

婚姻関係終了届

姻族関係終了届		
平成 29 年 8 月 29 日届出		
北海道札幌市 長 殿		

受理 平成 年 月 日 第 号		発送 平成 年 月 日 長印
送付 平成 年 月 日 第 号		
書類調査 戸籍記載 記載調査		

(よみかた) 姻族関係を 終了させる 人 の 氏 名	氏 り べ 利 部	名 え つ こ 悦 子	昭和30年 1月 17日生
住 所 (住民登録をしているところ)	北海道手稲区栄西3丁目9		番地 番 3 号
	世帯主 の氏名 利部 悦子		
本 籍	北海道手稲区栄西3丁目9		番地 番
	筆頭者 の氏名 利部 隆		
死亡した 配 偶 者	氏名 利部 隆		平成29年 4月 30日死亡
	本籍 北海道手稲区栄西3丁目9		番地 番
	筆頭者 の氏名 利部 隆		
そ の 他			
届 出 人 署名押印	利部 悦子		印

字訂正 字加入 字削除

届出印

日中連絡のとれるところ
電話 (011) 000 - 0000
自宅 勤務先 呼出 (方)

出典:札幌市

いつまでに

- 期限なし

 どこへ

- 市区町村窓口（本人の本籍地または居住地）

 誰が

- 本人（残された配偶者）

何を持っていく

- 「姻族関係終了届」（→P162）
- 届出人の現在の戸籍謄本（除籍謄本）
- 印鑑（朱肉を使用するもの）

※上記以外のものが必要となる場合があります

事業を引き継ぎたい（廃業したい）

　故人が営んでいた事業を引き継ぐ場合、廃業手続きを行ったうえで開業の届出を行います。

廃業の手続き

　故人が亡くなった日から**すみやかに**「個人事業者の死亡届出書」を税務署に提出します。

　提出が済んだら、準確定申告を行います。自営業者のように、給与所得者でない方が年の途中で亡くなった場合、年初（1月1日）から亡くなった日までに確定した所得金額と税額を計算し、亡くなった日から**4か月以内**に、申告・納税しなければなりません。

開業の手続き

　飲食店や食品販売などの事業を引き継ぐ場合は、事業者の地位を承継した相続人が営業許可を取得しなければなりません。

開業から**1か月以内**に「個人事業の開業・廃業等届出書」を税務署に提出しますが、併せて「青色申告承認申請書」を提出しましょう。規則に沿った帳簿を作成する義務は生じますが、「最大65万円の控除が認められる」「家族の給与が経費として計上できる」「3年間赤字を繰り越せる」など、さまざまなメリットがあります。

故人の営んでいた事業（資産や借金）も、相続の対象となります。ここで揉めると事業の継続が困難になる場合もあるので、注意が必要です。

事業の廃業・開業に関する手続きについては、税理士などの専門家に相談されることをおすすめします

個人事業者の死亡届出書

第7号様式

個人事業者の死亡届出書

平成29年7月14日	届出者	(フリガナ)	ヒロシマシアサミナミクサカエマチ
		住所又は居所	(〒731-0100) 広島市安佐南区栄町2丁目3番5号 (電話番号 082-000-0000)
		(フリガナ)	リベ　マナブ
広島北 税務署長殿		氏名	利部　学　㊞
		個人番号	1 2 3 4 5 6 7 8 9 0 1 2

下記のとおり、事業者が死亡したので、消費税法第57条第1項第4号の規定により届出します。

死亡年月日		平成 29 年 4 月 27 日
死亡した事業者	納税地	広島市安佐南区栄町2丁目3番5号
	氏名	利部　一郎
届出人と死亡した事業者との関係		子
参考事項	事業承継の有無	有 ・ 無
	事業承継者 住所又は居所	広島市安佐南区栄町2丁目3番5号 (電話番号 082-000-0000)
	氏名	利部　学
税理士署名押印		㊞ (電話番号　-　-　)

> マイナンバーを記入します

※税務署処理欄	整理番号			部門番号			
	届出年月日	年 月 日	入力処理	年 月 日	台帳整理	年 月 日
	番号確認		身元確認	□ 済 □ 未済	確認書類	個人番号カード/通知カード・運転免許証 その他	

注意　1. 裏面の記載要領等に留意の上、記載してください。
　　　2. 税務署処理欄は、記載しないでください。

出典：国税庁

いつまでに

廃業の手続き
- すみやかに

開業の手続き
- 事業開始の日から1か月以内

 どこへ

- 税務署など

 誰が

- 事業を引き継ぐ方

 何を持っていく

廃業の手続き
- 「個人事業者の死亡届出書」(→P166)
- 「所得税の青色申告の取りやめ届出書」
  ※青色申告をしていた場合

開業の手続き
- 「個人事業の開業・廃業等届出書」
- 「青色申告承認申請書」

※状況によって、上記以外のものが必要となります

きちんとした遺言書を遺したい

　遺言書はポイントを押さえないと、効果を持たないばかりでなく、残された家族に過度な負担をかけてしまう場合もあります。そこで、きちんとした遺言書を作成するための方法をまとめました。遺言書には、主に次の3つがあります（4-2参照）。

自筆証書遺言

　自筆証書遺言は、本人が**手書き**で書いたものです。費用もかからず自由に書くことができますが、執行時に検認（4-3参照）が必要になります。①手書き（自書）で、②日付と氏名を忘れずに、③署名・捺印をして、④封書に入れ封印（③と同じ判子）します。内容は、**誰に何を残すか**を明確に書く必要があります（例：〇〇銀行、〇〇支店、口座番号〇〇の預金すべてを利部知子に渡す）。これらが曖昧になっていると、無効となる可能性があります。

公正証書遺言

　公正証書遺言は、公証人役場で作成するものです。費用はかかりますが、**公証人が遺言の内容を聞き取り**作成してくれるため、内容の不備によって無効になることや、偽造・改ざんなどの心配がありません。原本は原則20年（通常は本人の死亡まで）保管されるので、遺言書の所在が不明になることもありません。

秘密証書遺言

　秘密証書遺言は、自筆証書遺言と同様の手順で作成した遺言書を公証人役場に持っていき、**公証人と2人以上の証人に証明**してもらうものです。これにより、遺言の所在や本人が確実に書いたものであることを明らかにすることができます。ただし、遺言の内容は確認されないので、不備で無効となる可能性もあります。

さくいん

あ

青色申告承認申請書 … 165
遺産分割審判 ……… 118
遺産分割調停 ……… 118
遺族一時金 ………… 148
遺族基礎年金 ……… 52
遺族厚生年金 ……… 53
遺族特別支給金 …… 148
遺族特別年金 ……… 148
遺族年金 …………… 148
遺族補償一時金 …… 148
遺族補償年金 ……… 148
遺留分 ……………… 117
遺留分減殺請求 …… 117
医療費控除 ………… 154
姻族 ………………… 161

か

介護保険資格取得・異動・
　喪失届 …………… 40
改製原戸籍（原戸籍）… 95
寡婦年金 …………… 56
火葬許可証 ………… 18
換価分割 …………… 116

寄与分 ……………… 116
経過的寡婦加算 …… 54
限定承認 …………… 108
現物分割 …………… 115
高額療養費の払い戻し
　…………………… 152
公正証書遺言 … 87・169
個人事業の開業・廃業等
　届出書 …………… 165
戸籍個人事項証明書 … 95
戸籍全部事項証明書 … 95
戸籍（謄本・抄本）… 95
固定資産評価証明書　102

さ

斎場利用許可申請書 … 18
再代襲相続 ………… 99
残高証明書 ………… 104
自筆証書遺言 … 86・168
死亡一時金 ………… 58
死亡届記載事項証明書
　…………………… 80
住民票の除票 ……… 130
準確定申告 ………… 154

除籍個人事項証明書	95	単純承認	108
除籍全部事項証明書	95	中高齢寡婦加算	54
除籍（謄本・抄本）	95	登記申請書	124
所得税の青色申告の取りやめ届出書	167	登記事項証明書	102
生計を維持	52	特別受益	116
生計を同じく	52	特別代理人	112
生前贈与	141		
成年後見人	112	**な**	
セルフメディケーション税制	154	名寄帳	102
葬祭費	144・148	任意後見人	112
相続開始を知ったとき	108	**は**	
相続関係説明図	126	秘密証書遺言	88・169
相続時精算課税	141	プラスの財産	101
相続税がかからないもの	137	法定相続人	96・98
相続税がかかるもの	137	法定相続分	96・98
相続放棄	108	**ま**	
た		埋葬許可証・火葬証明書	18
代襲相続	98・108	マイナスの財産	101
代償分割	116	**ら**	
		暦年課税	141

171

西暦・和暦一覧表

大正・昭和

1926年	大正15年（昭和元年）	1949年	昭和24年
1927年	昭和2年	1950年	昭和25年
1928年	昭和3年	1951年	昭和26年
1929年	昭和4年	1952年	昭和27年
1930年	昭和5年	1953年	昭和28年
1931年	昭和6年	1954年	昭和29年
1932年	昭和7年	1955年	昭和30年
1933年	昭和8年	1956年	昭和31年
1934年	昭和9年	1957年	昭和32年
1935年	昭和10年	1958年	昭和33年
1936年	昭和11年	1959年	昭和34年
1937年	昭和12年	1960年	昭和35年
1938年	昭和13年	1961年	昭和36年
1939年	昭和14年	1962年	昭和37年
1940年	昭和15年	1963年	昭和38年
1941年	昭和16年	1964年	昭和39年
1942年	昭和17年	1965年	昭和40年
1943年	昭和18年	1966年	昭和41年
1944年	昭和19年	1967年	昭和42年
1945年	昭和20年	1968年	昭和43年
1946年	昭和21年	1969年	昭和44年
1947年	昭和22年	1970年	昭和45年
1948年	昭和23年	1971年	昭和46年
		1972年	昭和47年
		1973年	昭和48年

1974年	昭和49年
1975年	昭和50年
1976年	昭和51年
1977年	昭和52年
1978年	昭和53年
1979年	昭和54年
1980年	昭和55年
1981年	昭和56年
1982年	昭和57年
1983年	昭和58年
1984年	昭和59年
1985年	昭和60年
1986年	昭和61年
1987年	昭和62年
1988年	昭和63年
1989年	昭和64年（平成元年）

平成

1990年	平成2年
1991年	平成3年
1992年	平成4年
1993年	平成5年
1994年	平成6年
1995年	平成7年
1996年	平成8年
1997年	平成9年
1998年	平成10年
1999年	平成11年
2000年	平成12年
2001年	平成13年
2002年	平成14年
2003年	平成15年
2004年	平成16年
2005年	平成17年
2006年	平成18年
2007年	平成19年
2008年	平成20年
2009年	平成21年
2010年	平成22年
2011年	平成23年
2012年	平成24年
2013年	平成25年
2014年	平成26年
2015年	平成27年
2016年	平成28年
2017年	平成29年
2018年	平成30年

MEMO

MEMO

監修 山口朝重（やまぐち ともしげ）

山口朝重行政書士事務所 代表
千葉大学法経学部卒業。大手マンションデベロッパーに約20年勤務。宅建・マンション管理士・管理業務主任者資格講座の講師を務める一方で、資格試験対策問題集などの執筆・作成にも携わる。現在は、行政書士として企業や個人からの法務相談に対応。

http://www.t-yamaguchi.com

文	真下智子・御厨恵寿
イラスト	なかのまいこ
装丁デザイン	松崎知子
本文デザイン	渡辺靖子（リベラル社）
編集	上島俊秀（リベラル社）
編集人	伊藤光恵（リベラル社）
営業	榎正樹（リベラル社）

編集部　堀友香・山田吉之・高清水純
営業部　津村卓・津田滋春・廣田修・青木ちはる・澤順二・大野勝司

もしもの時の手続きガイド

2017年 9 月29日　初版
2022年 7 月22日　再版

編　集　リベラル社
発行者　隅田　直樹
発行所　株式会社 リベラル社
　　　　〒460-0008　名古屋市中区栄3-7-9　新鏡栄ビル8F
　　　　TEL.052-261-9101　FAX.052-261-9134
　　　　http://liberalsya.com

発　売　株式会社 星雲社（共同出版社・流通責任出版社）
　　　　〒112-0005　東京都文京区水道1-3-30
　　　　TEL.03-3868-3275

©Liberalsya 2017 Printed in Japan　ISBN978-4-434-23830-7　C0032
落丁・乱丁本は送料弊社負担にてお取り替え致します。　521004